我與你

ICH und DU

MARTIN BUBER
馬丁·布伯

林宏濤——譯

馬丁・布伯，一九六二年於以色列。（Boris Carmi攝）

【譯者序】

一個對話的生命[1]

馬丁．布伯（Martin Buber, 1878-1965）是奧地利和以色列猶太人哲學家，他的思想可以根據他自己主編的全集的三個主題，區分為對話哲學、聖經思想和哈西第教義（Hasidism）。在對話哲學上，布伯闡述他關於「我你」關係的獨特見解，強調人類存在的真理乃是寓於在生活世界中的真實相遇。在關於聖經的思想上，布伯從猶太教的聖經詮釋出發，和羅森茨威格（Franz Rosenzweig, 1886-1929）合力將聖經從希伯來文譯成德文，闡釋希伯來語文與聖經之內在關連，視聖經的世界為猶太人文化的基底。在哈西第教義之引介上，布伯從哈西第關於人與世界和上帝在靈魂上的團聚之思想，反省當代人類生活的微機，並提出一條可能解脫的道路。

布伯是個非常多面向的哲學家。在當代的宗教哲學上，很少像布伯那樣把猶太教、基督教、甚至佛教和摩尼教納入一個體系作比較的；他的對話哲學更是融入人類多樣化的生活空間裡，範圍所及，包括社會哲學、政治哲學、教育和心理分析，都有著新穎且具啟發性的建樹。但是這樣的多樣性也使得人們困擾於不知道該如何定位他，像定位當代其他哲學家一樣，也不知道如何從他的思想裡找到一條通往真理的確定道路。

在回答關於他自己是個神學家或哲學家的問題時，布伯自述道：「就我對自己的了解而言，我稱自己為非類型的人。」[2] 布伯不認為自己是個神學家，儘管他的思想發源於宗教經驗。因為神學是探究關於上帝的事物，但是布伯不認為自己能夠或應該教授關於上帝的事，他不能離開上帝正在作工的世界，將上帝納入思維中沉思。他接受哲學家的定位，但不是建構系統、指示人們應該朝著哪裡走去才能發現真理的哲學家，他不準備建立任何形上學體系，不為人們營造一個形上學的家，而「只見證那所有其他相遇所奠基的相遇」。[3]布伯所要描述的，只是一個整全的真實世界，而不是互相獨立且相對化的真理領域：認識的、倫理的和宗教的。這個真實就是人在關係中的存在行動。

布伯選擇以「對話」（Dialog, Zwiesprache）作為其哲學思想的力場，不只是以人的對話行動為基礎，陳述他的世界圖像，「對話」甚至是他自身存在的終極關懷。布伯說：「我沒有什麼學說，只是在對話。」[4]透過與讀者、學生的交談，他帶領我們瀏覽對話生命的美麗景象。他與我們的交談，以及我們所踏入的景況，都是對話之存在行動。對話是個存在行動，而不只是語言的行為，它終極的意義就是與其他存有者踏入積極的互動關係。對話的行動是稱說「你」的行動，也是踏入關係，回答臨到我身上的存有者之問話的行動。這些互涉的觀念，都是在描述同一個真實世界：我你關係的世界。由於對話的觀念在存有學上隱喻著在關係世界中「我」和「你」出於存有行動的交往，不只是認識的、心理的或倫理的層面，使得對話這個觀念超出實際語言層次的意義，而直指其在存有學上的本源。布伯使用「對話」這個象徵性的語詞，也暗示著他所描述的真實世界無法以概念之代表性語言去範疇它，而只能在正在交談中的具體生發情境去把握。「我沒有什麼學說，我只是指引，我指出真實，指出在真實中未被人看見的景況。我牽著那願意聽我說話的人的手，走到窗前，打開窗扉，指給他看外面的景況。」[5]他選擇指引的方式，因為他要描述的，是充滿奧祕的真實。語言實體以記號之圖像代表所指物，無論圖像本身是否具有所指物之本質，或只是約定俗成，語言概念因此可以抽離出具體而個別的事件，以一種普遍化的方法取代它。但是，布伯心中所想的真實，卻拒絕被他物代言，因為它是概念實體無法圖像化的奧祕。

如同對話哲學以關係世界為唯一的場域，布伯的存有學也是如此。布伯不探究關於存有者本身的問題，包括它的起源、它的性質規定和它自身的活動原理。他不探究存有本身，而只問人與存有的關係如何。他不教導人上帝是什麼、存不存在、上帝要人做什麼，而只教導人如何去接近上帝，與祂和好。因此布伯說他自己沒有任何形上學系統，也就是關於存有者之存有本身的學說，而他的存有學也只以哲學人類學為基底，所探究的是人與世界的關係，而不是人本身。

在這裡，布伯區分了關係（Beziehung）和「關聯」（Verhältnis）的不同。後者是基於實存者本質之規定與他物之區分或界限的概念性連繫，藉著規定性區別，實有成為「不是他物」的某物，而獲得其實有之本質，藉著界限，某物與他物既相互區隔又共同連屬於此界限之連繫中。而關係則是存有者之間的交往，在他們之間，有著生命的連結，和基於存有態度的關懷，它是存有者用全部存有稱說的基本詞。在關係中，存有者必須採取態度，而且是作為真誠的存有者，忠於自己也忠於世界的存有者會發現自身涉入一個不能逃避的情境。

作為哲學人類學的存有學，不同於心理學之把人分解成心理現象的聚合物，它必須把握整體的人；它也不孤立地探究人自身的問題，因為人只有在與其他存有者之關係中方才有其存在意義。在問「人是什麼」的問題時，我們同時也問到

「人在宇宙的特別地位，他和命運的關係，他與形器世界的關係，他對他的同伴的理解，他作為一個自知終將會死的存有者的存在，以及在和穿透他生命之奧祕的平凡的或異常的際會中，他所採取的態度。」[6]同樣的，人的存在行動之探究也不能離開生活世界的動態情境孤立地看待，人不只是單純的種屬，不只是空洞的靈魂，他是生活在社群中的人，是有著各種類型和性格、有著各種階段性生活歷程的人，只有這樣動態的了解，才能把握整全的人。

「在擁擠不堪的車廂中，兩個陌生旅人之眼光突然地在錯愕的、萍水相逢的相互性瞬間交會；那時他們都忘卻了耳際的清晰聲響；然而它卻確實地發生了，在一個只在那片刻中存在的領域中。在一片漆黑的歌劇院裡，兩個不相識的聽眾，在相同的聖潔中，同樣地專注聆聽莫札特的音樂，也可以有著無法察覺卻仍是真正的對話的關係，而在燈光亮起時，這關係也許早就消失了。」[7]布伯所說的對話世界並不是指實有的結構，不是既存於宇宙中的事實性，相反的，它是人的存有行動在具體事件的關係情境中所面對的意義國度。「我你」關係和「我它」關係也不是此岸和彼岸兩個互相排斥的形器世界。在布伯的哲學裡，「世界」是因人的存有態度而站出來、而得到其存有之規定的。實在界只有一個，但是因為人對其中之存有者的不同關係，而有不同的世界。布伯沒有兩個世界的理論，而只有兩個關係世界的理論。對話的世界，是因為人決意走向他者，凝神諦聽他者之呼召，在回答中與他者相遇，藉著莊嚴他者的生活世界，而使眼前的一切成為對話的真實展現。

注釋

1 本文節錄自拙著論文《馬丁布伯之對話哲學的存有學基礎》。

2 Paul Arthur Schilpp, ed. *The Philosophy of Martin Buber, Illinois: The Library of Living Philosophers,* 1967, p. 689。

3 同前揭：p. 691。

4 同前揭：p. 693。

5 同前揭。

6 Martin Buber, *Between Man and Man*, Boston: Beacon, 1955, p. 120。

7 同前揭：p. 203。

目次

＊本書注釋除了註明「原注」者外，其餘均為譯者注。

第一部

一

依據人的雙重態度，世界對於人而言也是雙重的。

依據人可以使用的基本詞（Grundwort）的雙重性，他的態度也是雙重的。

基本詞不是單詞，而是詞偶（Wortpaar）

其中一個基本詞是詞偶「我你」（Ich-Du）。

另一個基本詞是詞偶「我它」（Ich-Es）；在其中，基本詞不必變動。也可以用「他」（Er）和「她」（Sie）取代「它」。

如此一來，人的「我」也是雙重的。

因為基本詞「我你」裡的「我」不同於基本詞「我它」裡的「我」。

二

基本詞並不是表述存在於（bestünde）它們之外的事物，而是因為基本詞的說出，而建立了一個存在（Bestand）[1]。

人以其存有說出基本詞。

當人說「你」的時候，他也就說了詞偶「我你」當中的「你」。

當人說「它」的時候，他也就說了詞偶「我它」當中的「它」。

唯有以整個存有[2]，才有辦法說出基本詞「我你」。

人絕對沒辦法以整個存有說出基本詞「我它」。

三

世上並沒有在己的「我」，而只有基本詞「我你」裡的「我」以及基本詞「我它」裡的我。

當人說「我」，他是指涉兩者之一。當他說「我」，他意指的「我」便會臨現。當他說「你」或是「它」，這個或另一個基本詞裡的「我」也就會跟著臨現。

存在著「我」和說出「我」是同一回事。說出「我」和說出其中一個基本詞也是同一回事。

任何人說了一個基本詞，他就踏入了那個語詞並且安住於其中。

四

人類的生命並不只是存在於及物動詞的範圍裡。那構成它的，並不只是有個某物為其對象的行動。我知覺到某物。我感覺到某物。我想像某物。我意欲某物。我感受到某物。我思考某物。人類的生命並不僅僅是由諸如此類的行動構成的。

凡此種種，共同奠基了「它」的國度。

可是「你」的國度卻有另一個根基。

五

當任何人說「你」，他並不以某物為其對象。因為只要存在著某物，就會有另一個某物，每個「它」都會和另一個「它」接界，唯有和另一個「它」接界，

「它」才會存在。可是當人說「你」的時候，並沒有一個某物存在。「你」並不會劃定界限。

當人說「你」的時候，他沒有某物，他什麼也沒有。可是他置身在關係（Beziehung）中。

六

人們說，人會經驗到他的世界。那是什麼意思？人行經（befahren）事物的表面並且經驗到（erfahren）它們。他從它們那裡擷取了一個知識以及它們的性質，也就是一個經驗（Erfahrung）[3]。他經驗到事物身上的某個東西。

可是把世界呈現在人們面前的，不只有經驗而已。

因為經驗呈現在他面前的世界，是由「它」和「它」和「它」，由「他」和「她」和「她」和「它」構成的。

我經驗到某物。

就算人除了「外在」經驗以外，再加上「內在」經驗，也沒有什麼不同，那只是依據人類因為想要對死亡奧祕的置若罔聞而提出的非恆久的（unewig）區分。內在事物和外在事物沒什麼兩樣，都只是事物之一而已。

我經驗到某物。

就算人除了「外顯」的經驗以外再加上「神祕」的經驗，也沒有什麼不同，人們憑著自以為是的智慧，以為只有他才知道事物裡那個專為入會者設置的神祕斗室，而且手裡握有它的鑰匙。唉，那只是故作神祕（Heimlichkeit）而沒有奧祕（Geheimnis）可言，只是訊息的堆積而已！除了它以外，還是它和它。

七

經驗者並不參與世界。經驗固然在「他的心裡」，卻不在他和世界之間。

世界並不參與經驗。它被經驗，但是它並不涉入其中，因為它什麼也沒做，也沒有遭遇到任何事。

八

作為經驗的世界，是屬於基本詞「我它」。而基本詞「我你」則會建立關係的世界。

九

關係的世界是在三個領域裡建立起來的。

其一是：和自然共存的生命。在那裡，關係在黑暗中擺盪低吟，而沒有進入語言的層次。受造物在我們面前擾動，可是它們沒辦法走近我們，我們想要對它們說「你」，那個語詞卻還在語言的門檻前面躊躇徘徊。

其二是：和人共存的生命。在那裡，關係是外顯的而且具有語言型態。我們可以施予和領受「你」。

其三是：和屬靈存有者（geistige Wesenheiten）共存的生命。在那裡，關係既隱藏在雲裡卻又會自我開顯[4]，它既是言語道斷的，卻又會創造語言。我們沒有聽到「你」，卻感覺到那個呼喚，而我們也會回答它[5]——以創造、思考和行動：我們以我們的存有說出基本詞，卻沒辦法用嘴巴說出「你」。

可是我們怎麼可以把言語道斷的東西歸類到基本詞的世界裡呢？

在每個領域裡，藉由每個對我們臨現的事物（uns gegenwärtig Werdende），我們凝視著永恆的「你」的衣邊[6]。我們感覺到祂來自每個領域的微風吹拂[7]，在每個「你」那裡，我們和永恆的「你」攀談，在每個領域裡，以它們各自的方式。

十

我觀想一棵樹。

我可以把它當作畫面拍攝它：在強光底下高聳入雲的巨柱，或者是和柔軟的銀藍色背景犬牙交錯的蒼蒼翠微（Gegrün）。

我可以把它當作一個運動感覺它：環繞著堅固而筆直的樹心輸送水分的維管束，吸收水分的樹根，呼吸的葉子，和大地以及空氣的無窮盡的交流，——以及它在疏影橫斜裡的生長。

我可以把它歸類到某個種屬，把它當作樣本，觀察它的結構和生存方式。

我可以撇開它的獨特性和形式不管，只把它視為定律的表現——作用力和反作用力相互抵消的定律，或者是物質化合和分解的定律。

我可以讓它揮發成數字和單純的數字關係，而使它們永久持存。

凡此種種，那棵樹一直是我們的對象，有它的場域，它的期限，它的種屬和性狀。

可是也有可能，出於心中的意志和恩寵，當我在觀想一棵樹時，我被涵攝到我和它的關係裡，而現在它就不再是個「它」了。獨一性（Ausschließlichkeit）的力量擄獲了我。

我不必因此就放棄我的任何一個觀想方式。我不必捨棄什麼東西視而不見（absehen）才有辦法看見（sehen）[8]，也不必忘卻什麼知識。相反的，所有東西，畫面和運動，種屬和樣本，定律和數字，它們都被集於一體而不可分割。

一切屬於樹的，都在其中，它的形狀和它的構造，它的顏色和它的化學作用，它和元素的對談（Unterredung），它和天上繁星的對談，一切都交融為一個整體。

樹不是印象，不是我的想像遊戲，不是情感價值，它有血有肉地在我面前，它不得不面對我，正如我面對著它，只是方式不同而已。

人試著不要淡化關係的意義：關係是相互性（Gegenseitigkeit）[9]。

那麼萬一它，那棵樹，也有類似我們的意識？我沒有這個經驗。可是你會再度拆開那不可分割的事物，只因為你似乎成功過？和我相遇（begegnen）的，不是樹的靈魂，也不是樹神（Dryade），而是樹木本身。

十一

當我面對一個人，作為我的「你」，而對他說出基本詞「我你」，他就不再是眾多事物之一，也不是由事物構成的。

他不是「他」或「她」，也不是和其他的「他」或「她」接界，或者是被定位在由時間和空間構成的世界座標上的點；他也不是可經驗的或可描述的性狀，或是一堆零散的、有名字的性質。他是「你」，既不是相鄰的也沒有接縫，充盈於整個穹窿。那並不是說只有他而沒有任何他者存在：可是任何他者都是在**他的**光裡存在的。

正如旋律不是由單音構成的，詩句不是由字詞構成的，柱狀雕像不是由線條構成的，我們必須撕破它們，扯斷它們，直到把整體烹調成雜多，我對他說「你」的那個人也是如此。我可以抽繹出他的頭髮的顏色、他的言談的顏色，或是他的美德的顏色，我必須一再這麼做；但是他早就不再是「你」了。

正如禱告不在時間裡，而是時間在禱告裡，獻祭不在空間裡，而是空間在獻祭裡[10]，任何人顛倒了這個情況，就是揚棄了真實，同理，我也不是在某時某地遇見那個我對他說「你」的人。我可以把他置入，我必須一直那麼做，不過那是把他當作一個「他」或一個「她」或一個「它」，而再也不是我的「你」。

只要「你」的穹蒼在我頭上撐開，因果律的狂風驟雨就會蜷伏在我的腳跟，宿命（Verhängnis）的漩渦也會凍結成冰。

我對他說「你」的人，我不會經驗到他。可是我會置身在和他的關係裡，在神聖的基本詞裡。直到我走出那裡，我才會再度經驗到他。而所謂的經驗就是遠離「你」。

關係一直存在著，就算那個我對他說「你」的人在他的經驗裡沒有聽到它。因為「你」是「它」的認知不能及的。「你」做了什麼，和他的相遇，也是「它」的認知不能及的。欺騙到不了這個地方：這裡是真實生命的搖籃。

十二

這是藝術的永恆起源，一個形象（Gestalt）臨到一個人面前，意欲透過他而成為作品。它不是他的靈魂虛構出來的怪東西（Ausgeburt），而是對著靈魂的顯現，並且向靈魂索求它的創造力量。它要的是人以整個存有投入的行動：他實現了它，他以他的存有對著那個顯現的形象說出了基本詞，接著創造力便湧出，作品也跟著誕生了。

（藝術）行為涉及了一個犧牲和一個冒險。犧牲是：被獻到形象的祭壇的，是無限的可能性，所有不經心地穿越視野的東西都必須抹去，不可以出現在作品裡；這就是這個「面對面者」（Gegenüber）所要求的獨一性。而冒險是：人只有以全部的存有才可以說出那個基本詞；奉獻的人必須毫無保留；而就像那棵樹或那個人，作品也不容許我在「它」的世界裡稍事停歇，它要求說，如果我沒辦法全心全意服事它，那麼我就會打碎它，或者它會把我打碎。

臨到我面前的形象，我既沒辦法經驗到它，也無法描摹它；我唯一能做的，就只是實現它。可是我會觀照（schauen）它[11]，在面對面者的光照底下璀璨奪目，比任何經驗世界的明晰性（Klarheit）都更加澄澈。[12]它不是作為「內在」事物之一，也不是作為「想像」的心像，而是作為臨現者（das Gegenwärtige）[13]。以對象性（Gegenständlichkeit）檢視之，形象根本沒有「在那裡」；可是又有什麼比它更加臨現的呢？而我和形象的真實關係就在於：它在我身上作工，正如我也在它身上作工。

生產就是創造，發明就是發現。形塑就是揭露。我實現了它，就是揭露了它。我引領形象——引領到「它」的世界裡。生產的作品是眾多事物之一，作為性質的積累，是可以經驗和描摹的。可是作品會一再有血有肉地臨到心領神會的觀照者面前。

十三

——那麼，我們在「你」那裡經驗到什麼？

——什麼也沒有。因為人不是以經驗面對之。

——那麼，我們在「你」那裡認識到什麼？

——認識到一切事物。因為我們不再認識任何個別的事物。

十四

「你」憑著恩寵（Gnade）和我相遇——我沒辦法以尋覓（Suchen）找到他。可是我對他說了基本詞，那就是我整個存有的行動，我的存有作為。

「你」和我相遇。可是我又踏入和這個「你」的直接關係當中。於是，關係既是被揀選的，也是選擇，既是被動也是主動。整個存有的行動，由於它揚棄了所有朝三暮四的行為以及——因為它的劃地自限——行為的感受，因而必定會類似於被動狀態（Passion）。

人唯有以整個存有才能說出基本詞「我你」。當人心志專一（Einsammlung）且消融為整個存有，那既不能憑著我去成就它，也不能沒有我。唯有在「你」那裡，我才成為我；而當我成為我，我便說出了「你」。

一切真實的生命都是相遇（Begegnung）。

十五

和「你」的關係是沒有中介的（unmittelbar）[14]。在「我」和「你」之間，沒有任何概念，沒有任何基本知識，沒有任何幻想；而當記憶從分殊（Einzelung）掉落到整體裡，它自身也會改變。在「我」和「你」之間，沒有目的，沒有貪欲、沒有預期；而渴望本身也會改變，因為它從夢境掉落到現象。一切中介（Mittel）都是障礙。唯有瓦解一切中介，相遇才會發生。

十六

在關係的無中介性面前，一切中介的東西都無足輕重。不管我的「你」已經是其他的「我」的「它」（「普遍經驗的對象」），或是——直到我的整個存有行動的作工才——變成了「它」，那都無關緊要。因為真正的界限，儘管載浮載沉而搖擺不定，它並不是橫亙在經驗和非經驗之間，不是在既存和未曾有之間，也不是在存有世界和價值世界之間，而是橫跨了「你」和「它」之間的所有場域：在現在（Gegenwart）[15]和對象（Gegenstand）之間。

十七

「現在」，它不是點狀的，也不只是意指著在我們的思考裡被設定的「逝去」時間的終點，一個固定的時間流程的假象，而是真實的、實現了的臨現，唯有存在著臨現、相遇、關係，「現在」才會存在。唯有透過「你」的臨現，「現在」才會出現。

基本詞「我它」裡的我，也就是那個沒有親身面對「你」、而只是被一大堆「內容」包圍的我，只有過去而沒有現在。換言之，只要人滿足於他所經驗和使用的事物，他就會一直生活在過去裡，他的任何片刻都是沒有現在的。他所擁有的都只是對象而已；可是對象是存在於從前的。

現在不是瞬時飛掠的雪泥鴻爪，而是臨現者，持續存在者（Gegenwährende）。對象沒有時間久暫（Dauer）可言，它是靜止狀態，停止、中斷、僵化、抽離（Abgehobenheit），不存在著關係或現在。

存有者（die Wesenheiten）會活在當下，而對象性則是在過去裡。

十八

就算是召喚「理念界」作為第三者以及超越種種對立者，也沒辦法克服這個根本的雙重性，因為我說的只是真實的人，你和我，我說的是我們的生活和我們的世界，而不是一個在己存在的「我」，不是一個在己的存有。可是對於真實的人而言，界限其實也跨越了理念界。

當然，以經驗和利用事物的世界為滿足的人們，會建造一個理念的附屬結構或是上層結構，並且托庇於其中，而免於虛無（Nichtigkeit）氛圍的威脅。他們在門口脫下擾攘塵務的外衣，披上乾淨的亞麻布，欣賞眼前古老的存有者或者是應然的存有者，而他的生活和他們一點關係也沒有。就算只是到處為它們宣講，他也樂在其中。

可是他們想像、設定和宣傳的那個作為「它」的人，完全不同於一個人真誠地對他說「你」的那個有血有肉的人。最冠冕堂皇的虛構（Fiktion）是一種物神崇拜，最軒軒自得的虛構思考是一種惡習。理念的寶座既不在我們頭上，也不在我們腦袋裡；它們在我們腳下遊蕩，接著爬到我們身上；那些沒有說出基本詞的人固然可憐，可是那些用一個概念或一個口號稱呼理念、佯裝那是它們的真正名字的人，卻是卑鄙無恥的！

十九

直接的關係包含了對於面對面者的作工，可見於上述三個例子其中之一：藝術的存有行動定義了使形象變成作品的程序。面對面者是透過相遇而實現的，透過相遇，它進入事物的世界，無止盡地持續作工，無止盡的「它」，可是也無止盡地再度成為「你」，歡欣鼓舞地成為「你」。它會「自我體現」（verkörpert sich）：它的身體從那沒有時空的「現在」的潮水裡沖到「存在」（Bestand）的海岸上。

和一個作為「你」的人的關係，它的作用意義（Wirkensbedeutung）沒有那麼明顯。在這裡建立起無中介性的那個存有行動，往往是憑著情感去認識的，也因而會誤解了它。情感伴隨著愛的超越身心的事實而出現，但是它並不構成愛；而伴隨著愛的情感也可能和愛大異其趣。耶穌對於被鬼附身的人的情感，當然和對於他的得意門徒們的情感不同；可是他對兩者的愛是一樣的。人「擁有」情感；但是愛卻是自己發生的。情感棲居在人心裡；可是人則是棲居在他的愛裡。這不是什麼隱喻，而是實實在在的事：愛不並是附著在我身上，以致於「你」變成了「內容」，變成了對象，愛是在「我」和「你」**之間**的。凡是不明白這點的，沒有以整個存有明白這點的人，他就不會認識愛，無論他是否把他體會、經驗、享受和表現出來的情感算作是愛。愛是個世界性的作工。任何人駐足在愛裡，觀照它的內部，他就會脫卻一切塵勞的纏縛；無論善惡、賢愚、美醜，都會在他眼裡逐一成為真實的「你」；也就是擺脫束縛的、走出來的、唯一的、相遇的；獨一性有如奇蹟似的一再重現——於是他可以造就、幫助、治療、教育、舉揚、拯救。愛是一個「我」對於一個「你」的責任：那裡的東西並不存在於情感裡，所有心中有愛的人都是平等的，從升斗小民到高官顯貴，從一輩子蒙愛的幸福而平安的人，到一生都要被釘在世界的十字架上的人，他們都有能力和勇氣去成就一個大事因緣：愛**人們**。

第三個例子裡的行動意義，也就是受造者以及他們的觀點，就讓它留在奧祕裡吧。要相信那周遍一切的簡單的生命魔法，你就會明白，受造者的那種等待、期望、「引頸翹望」是什麼意思。任何語詞都可能會歪曲；可是你瞧，這些存有者就在你四周，生機盎然，不管你走向誰，你都是在走向存有自身。

二十

關係是相互性（Gegenseitigkeit）的。我的「你」在我身上作工，正如我也在這個「你」身上作工。我們的學生教育我們，我們的作品形塑我們。當神聖的基本詞拂掠過「惡」，它就成了一個啟示。就像孩子會教育我們一樣，動物也會教育我們！我們不明所以地涉入其中，生活在源泉不竭的普遍相互性裡。

二十一

——你們把愛說成人與人之間唯一的關係，然而如果把它當作一個例子之一，而說恨也是一種關係，這樣是否也言之成理呢？

——只要愛是「盲目」的，也就是說，只要愛沒有看見**整個**存有者，那麼它就不算是完全處於關係的基本詞之下。恨在本性上是盲目的；人只能恨一個存有者的一部分。但凡人看到了整個存有者而又不得不拒絕他，就不再處於恨的國度，而只是受限於人說出「你」的能力。如果說你遇見一個人，卻沒辦法對著眼前面對的那個人說出基本詞（那一直是蘊含著對於交談的對象的肯定），而不得不拒絕他或是你自己，那麼這就是個障礙，人若是要踏入關係，就會在這個障礙上看到它的相對性（Relativität），而唯有揚棄這個障礙，這個相對性才會跟著被揚棄。

可是相較於沒有愛也沒有恨的人，直接心生恨意的人還要更接近關係一點。

二十二

可是我們世界裡的每個「你」都必定要成為「它」，這是最讓人心情沉重的事了。不管這個「你」在直接的關係裡如何獨一地臨現，不管是自因生的或是以一個中介作為他因而生，「你」都會變成眾多對象之一，或是最高貴的對象，卻還是對象之一，有其尺度和界限。在藝術作品裡，實現（Verwirklichung）在另一個意義下就意味著喪失現實性（Entwirklichung）。真正的直觀有如電光石火；剛才在交互作用（Wechselwirkung）的奧祕裡對我開顯的自然存有者，現在馬上又變成可以描摹、拆解和歸類，成為一圈圈形形色色的定律的交點。就算是愛也沒辦法在直接性的關係裡堅持多久，可是它可以持續存在於現實（Aktualität）和潛態（Latenz）的更迭交替當中。原本是沒有性質的、不在眼前的、只是臨現的、不可經驗的、不可觸及的人，現在又變成了一個「他」或一個「她」，變成了性質的總和，一個圖形化了的數量。現在我又可以從他身上析取出他的頭髮的顏色、他的言談的顏色、他的美德的顏色；可是只要我可以那麼做，他就不再是或者還不是我的「你」。

世界上的每個「你」本質上都會被迫要成為事物，或者一再走進事物性（Dinghaftigkeit）的範疇。用對象性的語言來說，那就是：世界上的每個事物，不管是在成為事物之前或之後，都會作為某個「我」的「你」而顯現在他面前。可是對象性的語言只會捕捉到真實生命的一塊衣角。

「它」是個蛹，而「你」則是蝴蝶。只不過這些狀態並不是那麼明確的互相交替；而往往是個陷入混亂的雙重性的事件。

二十三

在起初（Im Anfang）是關係。[16]

我們可以看看「原始民族」的語言，也就是那些物質貧乏、其生活建立在專注於當下的行動的小圈子裡。這個語言的細胞核，那些詞句（Satzworte）[17]，也就是在形成文法以前的原型，在細胞核分裂的時候形成了各式各樣的語類，一般而言，都是在指涉著關係的整體。我們說「遙遠的地方」，祖魯人（Zuru）對此則有個詞句，意思大概是「那個人們會大叫說『母親，我迷路了』的地方」；而火地島人只用了一個七音節的詞句，就讓我們擅長從事分析的知性瞠乎其後，它的意思大概是說：「他們面面相覷，指望著對方去做他們都想要完成卻不想自己動手做的事。」各種人稱（Person），不管是名詞的或是代名詞的人稱，仍然埋藏在這個整體裡，就像是浮雕一樣，而沒有完整的獨立性。重點不在於這個拆解和思考的結果，而在於真實的、源初的整體，也就是人真正體會到的關係。

我們對著和我們相遇的存有者打招呼，祝福他平安順遂，對他保證我們的忠誠，或是對著神表彰他。但是相較於卡非爾人（Kaffer）亙古不變的、用身體表現關係的寒暄方式「我看到你！」或是美洲的變體、亦莊亦諧的「聞我！」，這些陳腔濫調都太間接了（現在還有誰會猜得到「Heil!」這個敬詞原本是賦予力量的意思！）。

或許有人會猜想，不管是名字和概念，或者是關於人和事物的觀念，都是汲取自關係的事件和關係的狀態。「自然人」的那些根本的、喚醒心靈的印象和刺激，都是起因於關係的事件，也就是關於面對面者的體驗，以及關係的狀態，也就是和一個面對面者在一起生活。對於每天夜裡看到的月亮，他沒有什麼想法，直到月亮在他清醒或睡覺的時候真正走近他，以風情萬種的姿態魅惑他，或是摩娑他，不管對他而言是邪惡的或是甜蜜的。殘留在他心裡的，不是那流轉的光盤的視覺印象，也不是什麼和月亮有關的魔鬼，起初只有月上柳梢產生的**刺激印象**

穿透他的整個身體，接著月亮的人格化形象才漸漸採取距離。接著，每天晚上不知不覺記錄下來的記憶，才會點燃關於那個動作的造作者和承受者的想像，而那個原本沒辦法經驗而只能領受到的「你」，這時候才會被對象化而變成了「他」或「她」。

所有存有者的現象裡的這個源初的關係性格，它持續在作用當中，也有助於我們認識到原始民族生活的靈性元素，現代的研究相當重視，也討論了很久，卻仍然沒辦法找到合理的解釋，那些神祕的力量，其種種變體的概念可見於許多自然民族的信仰和科學裡（對他們而言，這兩者是沒有分別的），也就是馬那（Mana）或者歐倫達（Orenda）[18]，由此我們可以追溯到梵（Brahman）的原始意義，甚至是巫術紙草[19]以及使徒書信裡的「權能」（Dynamis）[20]和「恩寵」（Charis）。人們說它們是個超感官的、超自然的力量，但是這兩者都是屬於我們的範疇，並不適用於原始民族。他們的世界是以其身體經驗為界限的，對他們而言，死者的到訪是很「自然」的事。假設任何感官不能及的事物的存在，他們會認為那是很荒唐的事。被他們歸類為「神祕力量」的現象，都是根本的關係事件，那些都是他們可以思考的事件，因為它們刺激了他們的身體，也就是留在他們身上的刺激印象。夜裡以痛苦或是淫欲騷擾他們的月亮和死者，它們都擁有那個力量，可是炙烤他們的太陽，對他們咆哮吼叫的動物，以眼神逼視他們的酋長，以神歌賜予他們狩獵力量的薩滿（Schamane），也都有這個力量。馬那正是那個作工者，它讓天上的月人（Mondperson）變成熱血沸騰的「你」，而當刺激印象變成對象的印象時，那個記憶痕跡依舊存在，儘管馬那本身只顯現在一個作工的造作者和承受者身上。如果我們擁有它，例如說，它就在魔法石裡，我們自己也可以施法。原始民族的「世界觀」是巫術性質的，並不是因為它以人的巫術力量為中心，而是因為人的巫術力量只是一個普遍力量的變體，而這個普遍力量則是所有存有者的作用的源頭。他們的世界觀的因果律不是個連續體，每次都是力量新的閃現、驚起和生起作用（Sichhinwirken），是　次間歇性的火山爆發。馬那是原始民族的一個抽象物，也許比數字更原始，但是沒有那麼超自然。懂得自我訓練的記憶會把重大的關係事件、翻天覆地的動盪加以分類排序；對於生存本能而言最重要的，以及對於認知本能而言最值得注意的，也就是「作工者」（Wirkende），它是最明顯、突出而獨立的；至於在經驗裡沒有那麼重要的，自成一格的，不斷變換的「你」，則是會漸漸變淡，在記憶裡被孤立，漸漸對象化，劃歸成團體、種屬；而第三類，他以抽離的方式觀照萬物，有時候比月亮或死者更加神出鬼沒，卻又有如江河行地一般地清晰明顯，崛然獨立的他者，也就是「一直不變的」夥伴：「我」。

關於自我的意識（Ichbewußtsein），它既不附著於「自我」保存的本能，也和其他本能無關；想要不斷繁衍的不是「我」，而是那個還不知道「我」是什麼的身體；想要創造事物、工具和玩具的，不是「我」而是身體，它想要當個「發明者」；不管「我知故我在」（cognosco ergo sum）的概念型態再怎麼素樸，關於一個經驗主體的觀念再怎麼天真，在原始民族的認知作用裡也都看不到。「我」有如元素一般，源自於源初體驗的分裂，源自於「對我作工的你」（Ich-wirkend-Du）

以及「對你作工的我」（Du-wirkend-Ich）的重要基本詞，在現在分詞被名詞化和實體化之後[21]才會出現。

二十四

在原始民族的思想史裡，這兩個基本詞的根本差別在於，在源初的關係事件裡，原始民族以自然的、還沒有成形的方式，也就是在他們知道有「我」之前，就會說出基本詞「我你」，相對的，唯有認識到這個「我」，也就是「我」的抽離，基本詞「我它」才有可能出現。

第一個基本詞分裂成「我」和「你」，而不是源自兩者的聚合，它是先於我的（vorichhaft）；第二個基本詞則是產生自「我」和「它」的聚合，它是後於我的（nachichhaft）。

在原始的關係事件裡，「我」被涵攝在其中：透過它的獨一性。基於其本質，那樣的事件裡只會有兩造，人以及他的面對面者，兩者都擁有完整的現實性，而事件當中的世界也變成了雙重的體系，人在其中已經感受到無處不在的「我」的苦難（Pathetik），卻還沒有真正認識到它的存在。

相反的，在不久就會變成基本詞「我它」以及涉及「我」的體驗的自然事實裡，「我」並沒有被涵攝其中。這個事實正是人的身體（作為它的種種感覺的載體）脫離了它的周遭環境。在這個個殊性裡，身體學會認識且區分它自己，可是這個區分一直只是個並列排序的區分，因而沒辦法擁有蘊含在其中的「執取我」（Ichhaftigkeit）[22]的性格。

可是當「我」從關係裡走出來，以其抽離的方式存在，他不知怎的就變淡而且自行運轉，進入了身體而和它的環境脫節，這個自然事實喚醒了其中的執取我。有意識的「我的行動」（Ichakt），也就是基本詞「我它」以及涉及「我」的經驗的第一個型態，至此才得以產生：走出來的「我」把自己解釋成感覺的載體，而把環境解釋成感覺的對象。當然，這一切都是以「原始的」形式發生的，而不是什麼「知識論」的形式；可是人之所以會說「我看見一棵樹」這個句子，那是因為這個句子不再訴說著作為「我」的那個人以及作為「你」的那棵樹的關係，而是要斷言人（意識）對於樹（對象）的知覺，它已經在主體和客體之間擺設了柵欄：基本詞「我它」，分別（Trennung）的語詞，就此被說了出來。

二十五

——這麼說，我們悲傷的命運早在史前時代就形成了嗎？

——它的確已經形成了：因為人的有意識的生命早在史前時代就出現了。可是世界性的存有只有作為人的生死流轉，才會回到其有意識的生命裡。靈在時間當中顯現為產物，也就作為自然的副產品，然而永恆地（zeitlos）包覆著自然的，也正是這個靈。

兩個基本詞之間的對立，在各個時代和世界裡有許多名字；然而它卻是以其不可名狀的真理存在於創世當中。

二十六

——然而你相信人類的太初時候有個樂園是嗎？

——就算那時候是個地獄——那個有史可徵的年代，當然是個充滿憤怒、恐懼、煩惱和殘暴的地獄——：它也不是虛妄不實的。

初民（Urmensch）的相遇事件當然不是什麼融融泄泄的事，然而就算是和一個真實體驗裡的存有者兵戎相見，也遠勝於宛若幽靈一般關心著沒有臉孔的數字！前者是接近神的道路，而後者則只會走向虛無（Nichts）

二十七

就算我們完全明白了原始民族的生活，那也只是以譬喻的方式對我們呈現真正的初民的生活，讓我們得以初窺這個基本詞的時序脈絡。至於更完整的資訊，我們倒是可以從孩子身上獲知。

基本詞的屬靈實在性源自於自然的實在性，基本詞「我你」的實在性源自於自然的相交（Verbundenheit）[23]，基本詞「我它」的實在性則是源自於和自然的抽離，我們可以在孩子身上清楚看到這點。

孩子在出生前的生命，是一個完全出於自然的相交、交流以及身體的交互作用；而演變中的存有者的生命視域，則是以獨特的方式銘記在負載著它的存有者身上，卻又宛如羚羊掛角，沒有任何痕跡；因為它不只是存在於母親子宮的生命視域裡。這個相交充遍於整個世界，它就像是對於一塊早期碑文的不完整解讀，碑文以猶太人的神話語言說：在母體裡，人知道萬事萬物，可是一出生就都忘了。而這個相交宛若祕密的願望，一直刻在人的心裡。可是這並不是說他渴望要回到母親懷裡，就像那些把靈和他們自己的知性混為一談的人們誤以為它是自然的寄生蟲一樣[24]：靈其實是自然的花朵，儘管它很容易生病。他渴望的是那個綻放變成靈的存有者和他的真實的「你」在世界裡的相交。

就像所有演變中的存有者一樣，每個成長中的人都是依止於大地之母的懷裡：那個無分別的、還沒有成形的源初世界（Urwelt）。他也會脫離它而踏進個人的生命，只有在暗夜裡，我們才會跳脫個人的生命（就算是健康的人，也會夜夜經歷這種事）而重新走近它。可是那樣的脫離並不像離開母體那麼突然而杌隉不安。人類的孩子有的是時間，以和世界的誤入歧途的、自然的相交，換取屬靈的相交，也就是關係。他走出渾沌的炙熱黑暗，來到清冽颯爽而粲若白晝的創世，卻還沒有擁有它，他必須真正把它析取出來，把它變成現實，他必須以觀照（erschauen）、傾聽（erhorschen）、撫觸（ertasten）和想像（erbilden）獲得他的世界。[25]在相遇當中，創世開顯了它的形象性（Gestaltigkeit），它不把自己灌汁到等待中的感官，而是出現在那想要抓住它的感官面前。那在成年人四周遊蕩的習焉而不察的對象，必定是在他成長當中渴望攫取和追求的；沒有任何事物是一個經驗的構件；沒有任何事物不是在面對面者的交互作用力當中展現的。正如原始民族，孩子的生活也是在清醒和睡夢之間度過（大部分清醒的時候也是在睡夢中），在相遇的閃電以及反向閃電（Widerblitz）裡。

對於關係的渴望的源初性早就表現在混沌初始、鴻濛甫闢的階段。在任何個殊的東西被知覺到以前，童騃的眼神投向闃暗不明的虛空，望著一個不確定的東西；有時候，當人沒有明顯的覓食欲求，他會漫無目的探尋所有表象，柔軟的雙手投影延伸到虛空，一個不確定的東西。我們姑且把它叫作動物性的，它無助於任何概念認知。因為人在搜尋一陣子之後，他的視線到頭來還是停駐在一張阿拉伯風的酡紅壁紙上久久不去，直到這個視覺打動了紅色靈魂。同樣的動作也可以在毛茸茸的玩具熊身上獲得它的感覺形式和確定性，並且注意到一個完整的身體，愛不釋手而難以忘懷；這兩者都不是關於一個對象的經驗，而是和一個有生命的、在作工當中的面對面者的交流。（然則這個「想像」絕對不是什麼「泛心論」〔Allbeseelung〕；那是個想把一切都變成「你」的衝動，一種對於全體關係〔Allbeziehung〕的衝動，而即使他沒有找到一個有生命的、作工的面對面者，而只是它的摹本或符號，他也會以自身的豐盈使那個生機盎然的作工更完整。）微弱而斷斷續續的語音，聽起來既沒有意義而且虛無縹緲；可是有一天它們會不知不覺地進入對話——和誰對話呢？也許是和沸騰的茶壺，不過畢竟是進入對話了。許多所謂的反射動作都是一個人用來打造世界的堅固抹刀。孩子並不是先看到一個對象，接著才進入關係；相反的，首先是對於關係的渴望，也就是孩子握拳的雙手，想要把面對面者握在手裡；其次是和它的關係，那是沒有言語的、還沒有成形的訴說著「你」；而事物的生成則是後來的產物，是源自源初體驗（Urerlebnisse）的割裂，是團結的夥伴們的分離——就像「我」的生成一樣。在起初，是關係——它是存有者的範疇，是預備，是準備要儲存內容的那個形式，是靈魂的模型；關係的先天性（Apriori）；**天生的「你」**。

在我們體驗到的關係裡，天生的「你」是在和我們相遇的「你」裡得到實現的：也就是說，領悟到「你」是個面對面者，接受其獨一性，到頭來可以說出基本詞，這一切都是以關係的先天性為基礎。

在對於接觸的本能衝動裡（原本是碰觸另一個存有者的衝動，接著是視覺的「接觸」），天生的「你」一下子就開始作工，我們漸漸明白，這個本能衝動其實是意欲一種相互性，意欲「溫柔」（Zärtlichkeit）。但是它也決定了其後出現的創造的衝動（以綜合的方式產生事物，或者是以分析的方式，雖然不太可能）[26]，而使得「受造物」被「人格化」，也產生了一個「對話」。孩子的心靈發展和對於「你」的渴望密不可分，也就是這個渴望的實現和落空、他的實驗遊戲以及當他感到茫然失措時的悲傷沉重。如果要真正理解這個現象，就必須捨棄把它限縮在比較褊狹的領域的企圖，唯有在思考和討論的時候回想起它們在宇宙或是後設宇宙（kosmisch-metakosmischen）的起源，才有助於我們的理解：走出無分別的、還沒有成形的源初世界，從那個源初世界來到這個世界的有血有肉的個人，他已經完全浮現，但還不是有形體的、實現了的存有者，而是透過走進關係一步步破繭而出。

二十八

人在「你」那裡成為「我」。面對面者往來倏忽，關係事件變濃了而又飛散，在這些交替更迭當中，那個恆久不變的夥伴的意識，也就是關於「我」的意識，也漸漸廓然明白。它固然一直是只在關係的結構裡出現，也就是和「你」的關係（Relation），而可以看得出來是那個碰觸「你」但不是「你」的自我，可是自我會漸漸奮力掙脫那個結構，直到有一天破繭而出，「我」遇見那個掙脫了的自我，在那個瞬間，就像是「你」一樣，而他立即就回過神來，而有意識地走進關係裡。

直到現在，另一個基本詞才拼接起來。因為儘管關係裡的「你」會一再淡出，卻不會變成一個「我」的「它」，不會變成一個漠不相關的知覺和經驗的對象（就像它接下來會變成的），而是宛若它自己的「它」，變成一個原本不為人知而等待著在新的關係裡出現的「它」。被賦予血肉的身體固然會作為其感覺的載體以及驅力的執行者而有別於周遭世界，不過只是廁身其間而各安其位，而不是自我和對象的絕對區分。可是現在那個脫逸的「我」蛻變了：它從實體性的豐盈萎縮成一個經驗和使用客體的主體的函數對應點（funktionale Punkthaftigkeit），而趨近於「為己存在的它」（Es für sich），它會侵襲他，和他一起組成了另一個基本詞。這個執取我的人，這個說「我它」的人，排列在對象前面，而不是在一連串的交互作用當中和它們面對面；他以客體化的放大鏡彎身檢視個殊事物，或是以客體化的望遠鏡把事物排列成一片風景，在觀察當中把它們孤立起來而沒有任何獨一性的感覺，或者是在觀察當中把它們串接起來而沒有任何世界性的感覺——獨一性的感覺只能在關係裡找到，而世界性的感覺也只能以關係為起點去發現。直到現在，他才開始把事物經驗為性質的總和：性質固然是源自每個關係的體驗而屬於回憶裡的「你」，殘存在他的記憶裡，可是現在對他而言，對象卻是由種種性質構成的。唯有憑著對於關係的記憶，不管是夢境、想像或思考，視個人而定，他才有辦法增添一個在「你」當中顯得碩大無朋的、包含了所有性質的核心，也就是實體（Substanz）。可是也直到現在，他才會把事物置於一個時空和因果的脈絡底下，直到現在，世間萬物也才有它的位置、它的軌跡、它的可測量性以及它的條件性。「你」固然是在空間裡顯現，卻只是在獨一性的面對面者的空間裡，在其中，所有其他事物都只能是襯托著那個面對面者的背景，而不會是它的界限和尺度；「你」固然是在時間裡顯現，卻只是在一個自我實現的歷程的時間裡，我們沒辦法把那個歷程視為環環相扣的事件的一部分，而只能在一個「綿延」（Weile）裡體認它[27]，唯有從「你」自身，才得以定義這個「綿延」的完全集中的向度；「你」既顯現為造作者，也顯現為作用的接受者，卻沒辦法被嵌入因果鎖鏈當中，而只能在和「我」的交互作用裡當作事件的起點和終點。這是人世間的基本真理：只有「它」才可以被排序。唯有事物從我們的「你」變成我們的

「它」，它們才可以加以座標化。「你」和任何座標系統都沒有關係。

可是既然言及於此，我們就不得不談到另一面，否則這個基本真理就只會是個沒有用的片段：被排序的世界並不等於世界秩序。在祕而不宣的根基（Grund）的某些片刻裡，我們得以觀照到那個作為當下的世界秩序。在那一彈指之間，我們聽到了聲音，它那難以詮釋的音符就是世界秩序。這些片刻既是不朽的，又是最短暫的；我們沒辦法從那些片刻裡察覺到任何內容，但是它們的力量進入創世以及人類的知識裡，它們的力量光芒灑瀉到被排序的世界裡而一再地融解它。這就是個人的歷史，這就是人類的歷史。

二十九

依據人的雙重態度，世界對於人而言也是雙重的。

他知覺到周遭的存有，事物本身和作為事物的存有者，他知覺到周遭的事件，歷程本身以及作為歷程的行為，由性質構成的事物，由片刻構成的歷程，以空間座標定位的事物，以時間座標定位的歷程，事物和歷程接壤於另一個事物和歷程，以對方為尺度，和對方相互比較，被排序的世界，被分割的世界。這個世界大抵上是可信賴的，它有其密度以及時間的久暫，它的結構一目瞭然，人可以一再地把它拿出來，人閉著眼睛就可以對它如數家珍，然後睜開眼睛檢查一下；它就站在那裡，緊貼著你的肌膚，如果你要那麼想的話；蜷伏在你的靈魂裡，如果你喜歡的話，也可以說它是你的對象，如果你願意的話，對你而言，它會一直是極為陌生的（urfremd），不管是在你外面或是心裡。你知覺到它，把它當作對你為「真」的東西，它任由你採擷，但是它並不會把自己交給你。你可以和他人「談論」的，只是關於它的種種，儘管每個人對於它的領略各自不同，但是它準備要成為你們的共同對象；然而你沒辦法在它裡頭和別人相遇。如果沒有它，你就活不下去，它的可信賴性一直在保護你，可是如果你在它裡頭殞命，那麼你會被埋葬在虛無裡。

或者是人遇見了存有和生滅流轉，作為他的面對面者，它們終究只是一**個**存有者，而任何事物也都只是個存有者。存有者會在事件裡對他自我開顯，而事件也會作為存有而臨到他身上，那臨現的只有「這一個」存有者，然而它卻是遍充世界的；任何尺度和比較都落荒而逃了；有多少無法測度的存有者對你而言是真實的，那就要取決於你了。種種相遇不會依序排列成為世界，可是每次相遇都是世界秩序的一個記號。它們只是雜厝而彼此沒有關連，可是每個相遇都在保證著你和世界的相交。對你如此顯現的世界是不可靠的，因為它每次都以全新的面目對你顯現，你沒辦法以語言攫取它；它是沒有密度的，因為在它裡頭一切都是相互滲透的；它是間不容髮的，因為它會不請自來，而你抓得再緊，它還是會消逝；它是一望無際的，當你想要測量它，你就會失去它。它臨到你，它來攫獲你；如果它沒有臨到你，沒有和你相遇，它就會煙消雲散；可是它會再臨而且蛻變。它並不是外在於你，它觸動了你的根基；就算你說它是「我的靈魂的靈魂」也不為過：可是你要慎防把它移植到你的靈魂裡——因為你會摧毀了它。它是你的當下：

你唯有擁有它，才會擁有當下；你也可以把它變成你的對象，經驗它，使用它，你必須一再那麼做，而再也沒有了當下。在你和它之間，是施予的相互性；你對它說「你」，把你自己施予了它，它對你說「你」，把它自己施予了你。你沒辦法對別人談起它，你是單獨和它在一起的；可是它會教導你怎麼和他者相遇，並且在和它們的相遇當中站穩腳跟；而藉著它的臨到的恩慈以及它的離別的悵惘，它引領你來到一個「你」，在其中，關係的平行直線會相交[28]。它不會幫助你在生活裡自我保存，它只會幫助你直覺到永恆。

三十

「它」的世界在時間以及空間裡有個脈絡。

「你」的世界在時間和空間裡則沒有任何脈絡。

當關係的歷程走到了盡頭，個別的「你」就**必定會**變成一個「它」。

由於進入關係的歷程，個別的「它」**有可能會**變成一個「你」。

這是「它」的世界的兩個基本特權。它們促使人們把「它」的世界視為必須在其中生活、也可以生活得很愜意的世界，它也會以種種誘惑和刺激、活動和知識款待人們。那些「你」的環節就是在這個堅固而安全的歷史裡開顯的，它們作為一段有如瑰麗的抒情詩或戲劇一般的插曲，其魔法固然很誘人，卻是一種極為致命的吸引力，它們會使通過考驗的脈絡產生鬆動，殘留的疑問多過於滿足，它們會撼動安全感，既怪誕神祕又不可或缺。因為既然人必定要走出那些環節而回到「世界」，那麼為什麼不一開始就乾脆留在那個世界裡？為什麼不叫那個面對面者規矩一點，把它遣返到客體性裡？而如果人不得不對著父親、妻子、同伴說「你」，那麼為什麼不是說「你」而其實意指的是「它」？用聲音器官說出「你」這個音，根本不算是說出那個神祕的基本詞。就算是以靈魂對著心愛的「你」低語，也一點都不危險，只要他真正的意思是：經驗和使用。

沒有人可以活在單純的當下，如果不想辦法迅雷不及掩耳地澈底克服它，就會被它吞噬。可是人可以活在單純的過去，是的，只有在過去裡，人才可以安頓一個生活。人只要以經驗和使用填充每個片刻，它就不再燃燒了。

而且說真的，你聽好了：沒有「它」人就活不下去。可是僅憑著「它」存活的，他就不算是人。

注釋

1 「bestünde」是動詞「bestehen」的虛擬式，存在的意思，「Bestand」是名詞「存在」的意思。

2 「mit dem ganzen Wesen」在一般用語裡的意思是「全心全意的」、「親身的」。

3 行經（befahren）和「經驗」（erfahren）的字根都是「fahren」（行駛），作者藉此影射所有經驗都是浮光掠影而已。而「體驗」（erleben）則是指人以其存有去感受，作者也依據其詞幹「leben」（生活）而意指「在生活裡體悟到、活過」。

4 《舊約聖經．哀歌》3:44：「你隱在濃雲深處，哀禱不能上達。」《申命記》31:15：「耶和華在會幕裡雲柱中顯現。」

5 「對於他（柯亨）而言，『你』的本質性訴說，是神問亞當『你在哪裡』，而神其實是問：『一個獨立自存的、對神隱藏的、自由的、與神相遇的你，並且在神那裡發現自我的你，到底在哪裡？』」（Martin Buber, *Das dialogische Prinzip*, S. 305, 1984, Heidelberg）

6 《舊約聖經．以賽亞書》6:1：「我看見吾主坐在崇高的御座上，他的衣邊拖曳滿殿。」

7 《舊約聖經・約伯記》4:15：「一陣微風吹拂在我面上，使我毛髮豎立。」

8 「absehen」是不考慮、忽略不計的意思。這裡為了和「sehen」（看見）呼應而譯為「視而不見」，也就是說：為了看見而捨棄什麼東西不去看。

9 相互性是馬丁・布伯哲學裡相當重要的概念。關係是相互性，但是他也提到某些關係是單向的，比如說醫病關係或者是教育的關係。見：本書頁 222-223。

10 作者的意思是，時間和空間並不是獨立存在的，而是「我你」關係創造出來的，在這裡，時間和空間是在禱告和獻祭裡，意思是在和神的關係裡，在我們和神的相遇裡。關於禱告的意義，見：Martin Buber, *Gottesfinsternis: Betrachtungen zur Beziehung zwischen Religion und Philosophie*, S. 149, 1953。

11 布伯區分看見（sehen）和觀照（schauen）的不同，觀照是無涉於經驗的，也和「它」或對象無關。

12 影射笛卡兒的「清晰而明確的觀念」，見：笛卡兒《沉思錄》（René Descartes, *Meditationes de prima philosophia*, 1641）。

13 相遇（begegnen）、面對面者（Gegenüber）、臨到面前（entgegentreten）以及臨現者（Gegenwärtige），都有字根「gegen」（相對的、對向的），暗示了關係當中預設的「源初距離」（Urdistanz）。見：Martin Buber, *Urdistanz und Beziehung: Beiträge zu einer Philosophischen Anthropologie*, S. 11, Heidelberg, Schneider, 1978：「人性的原理並不是單一的，而是雙重的，建立在一個雙重的關係裡，其中一個關係是另一個關係的預設。第一個關係是源初的採取距離（Urdistanzierung），第二個關係則叫作走進關係（In-Beziehungtreten）。」

14 「unmittelbar」也有「直接」的意思。作者強調真實的關係是無中介的，直接的。「中介」（das Mittel）作為關係的意思是說：在「A」和「B」有個「X」作為兩者的中介以建立關係，但是同理，在「X」和「A」以及「X」和「B」之間也必須各自有個中介以建立關係，如此便落入無窮追溯的困境，那是因為「關係」的概念被實體化了。見：F. H. Bradley, *Appearance and Reality: A Metaphysical Essay*, 1893, 1969。

15 「Gegenwart」有「臨到、在場」和「當下、現在」兩個意思。在這個段落是指「當下、現在」。

16 影射聖經的第一句話：「起初，上帝創造天地。」

17 另見：盧梭《論人類不平等的起源和基礎》（Jean-Jacques Rousseau, *Discours sur l'origine et les fondements de l'inégalité parmi les hommes,* 1754）：「我們可以這樣推斷，人們最初所使用的詞，比起已經形成後人們所使用的詞，在他們心靈中意義要廣泛得多。而且最初他們不曉得把詞句的各個構成部分加以區分，所以賦予每一個詞以一整個詞句的意義。」

18 「馬那：（波里尼西亞和美拉尼西亞神話）存在於萬物當中的超自然力量和魔力。馬那可以影響健康或疾病、長壽或夭折，呼風喚雨，帶來豐收或乾旱，賞善罰惡。有馬那的事物會有許多禁忌（tabu），因為濫用馬那是很危險的。」「歐倫達：（印第安）易洛魁族（Irokesen, Iroquois）傳說裡善良的超自然生命力，存在於自然事物裡，和歐特貢（Otgon）相對立。當它們和人類的生命力接觸且結合，會得到異常的能力。歐倫達相當於蘇族（Sioux）的巴珊（Bathon）和瓦坎達（Wakanda），亞爾岡京族（Algonkin）的馬尼圖（Manitu），類似於波里尼西亞的馬那（Mana）。」（《神話學辭典》，頁 320, 390，商周出版，2006）

19 指西元前兩世紀和西元五世紀之間的希臘巫術紙草（Papyri Graecae Magicae），主要是出於埃及人之手，以希臘文寫成，此外也有以埃及文或希伯來文書寫的，內容多為咒語和巫術的使用。

20 「dynamis」，能力、力量的意思。《哥林多前書》4:20：「因為上帝的國不在乎言語，乃在乎權能。」《哥林多後書》12:9：「因為我的能力，是在人的軟弱上顯得完全。」

21 現在分詞指的是「wirkend」（作工的），把它名詞化，就成了「das Wirkende」（作工者）。

22 「執取我」（Ichhaftigkeit）指的是源初的認識到有「我」，類似於榮格所說的「關於我的意識」（Ichbewußtsein），見：《榮格論現代人的心靈問題》（Carl Gustav Jung, *Das Seelenproblem der Gegenwart*, 1930），商周出版，2022。

23 「相交」（Verbundenheit, Verbindung, verbinden, koinonia），也有交往、結合，分享、參與的意思。見：《約翰一書》1:3：「我們將所看見，所聽見的，傳給你們，使你們與我們相交，我們乃是與父並他兒子耶穌基督相交的。」1:7：「我們若在光明中行，如同神在光明中，就彼此相交，他兒子耶穌的血也洗淨我們一切的罪。」

24 見：Arthur Schopenhauer, *Die Welt als Wille und Vorstellung*, Leipzig, 1877, Bd. 2, Kap. 19, S. 224。「作為物自身的意志，構成了內在的、真實的、不可摧毀的人性本質：可是他對自身是無意識的。因為意識是以知性為條件，而知性只是我們的本質的一個偶性：因為它是大腦的一個功能，而大腦及其附屬的神經和脊髓，只是一個果實，一個產物，因而是其他器官的寄生蟲，它並不直接介入這個內心活動，而只是在調節和外在世界的關係，以滿足自我保存的目的。」

25 作者分別在「schauen」、「horschen」、「tasten」、「bilden」加上前綴詞「er-」，用以表示「以觀照得到」、「以傾聽得到」、「以撫觸得到」、「以想像得到」的意思。

26 在分析命題裡，謂詞包含在主詞裡，而不會產生新的內容；在綜合命題裡，謂詞會有不包含於主詞裡的內容。

27 布伯說他在此處指的是柏格森（Henri-Louis Bergson）的「綿延」（durée）概念，它不是客觀的時間概念，而是對於時間的直覺感受。見：柏格森，《創造的進化》（*L'Évolution créatrice*, 1907），頁 9-18，收錄於《諾貝爾文學獎全集16》，遠景，1982。

28 在歐幾里德系統裡，平行線永不相交。在其他系統裡則有可能。

第二部

三十一

儘管個人的歷史和人類種族的歷史再怎麼不同，它們還是有個一致的地方：它們都意味著「它」的世界的不斷累積。

就人類的歷史而言，這個說法是有疑問的；有人會指出，更迭交替的文化王國都會各自以一個原始階段為起點，這些階段儘管看似南轅北轍，卻都有相同的基礎，也就是篳路藍縷的對象世界，所以說，和個人的生活對應的，並不是種族的生活，而是個別文化的生活。[1]可是撇開孤立的現象不談，在其他文化的歷史影響底下，文化會在特定的階段——不一定是在初期，而是在其鼎盛時期的前夕——接收了其他文化的「它」的世界，不管是直接來自同時期的其他文化，例如埃及文化之於古希臘，或者是間接繼承了以前的文化，例如古希臘之於歐洲基督宗教：它們不僅憑著自己的經驗擴大了它們的「它」的世界，也接收了外來文化的匯流。於是，如此成長的「它」的世界才會取得決定性的、不斷探索的擴張。（先別管「你」的世界的觀照和行動對於這個擴張的巨大貢獻了。）因此，一般而言，每個文化的「它」的世界都會比前一個時期的文化更加完備，儘管有若干的停滯以及表面上的退步，「它」的世界的不斷積累在歷史裡是顯而易見的。在這裡，一個文化的「世界觀」在性格上究竟是有限性的或者是所謂的無限性（Unendlichkeit），更正確的說應該是「非有限性的」（Nichtendlichkeit），這點並不是那麼重要；一個「有限的」世界當然也有可能比一個「無限的」世界包含了更多的構件、事物和歷程。有一點也是要注意的，我們不僅要比較它們在自然知識方面的範圍，也要比較它們的社會分化（Differenzierung）以及技術成就的規模；透過這兩者，對象的世界才會擴大。

人和「它」的世界的基本關聯性（Grundverhältnis）包含了不斷建構它的經驗，以及基於各式各樣的目的的使用，例如維持生計、擺脫壓力以及生活的舍宅資具。隨著「它」的世界的範圍延伸，經驗和使用的能力也會日漸增上。個人固然會漸漸地以間接的經驗（也就是「知識的習得」）取代直接經驗，也會逐步把「使用」簡化為「專業化的應用」，可是每個世代不斷地培養其能力，仍舊是不可或缺的。當人談到精神生活的進展，他們往往是在說這件事。不過對於靈而言，這當然是個真正的語言的罪[2]；因為這個「精神生活」往往是阻止人們生活在靈裡的障礙，它充其量只是個必須克服和形塑而加以合併的質料而已。

這個障礙。因為經驗和使用的能力的培養，往往會使人的關係能力降低——人唯有憑恃這個能力，才得以生活在靈裡。

三十二

顯現為人性的靈，是人對於他的「你」的回答。人以許多音調說話，語言、藝術、行為的音調，可是靈卻始終如一，它是在回答那個自奧祕裡顯現的、自奧祕裡向人攀談的「你」。靈是語言。正如言談的語言唯有在人的頭腦裡才會變成語詞（sich worten），在他的喉嚨裡變成聲音，然而兩者只是實際過程的母音變換（Brechung）而已，其實語言並不是棲止在人裡頭，而是人棲止在語言裡，而以言說從語言裡走出來，——所有語詞也是如此，所有的靈也是如此。靈並不是在「我」裡頭，而是在「我」和「你」之間。它並不像是在你體內循環的血液，而是宛如你在其中呼吸的空氣。若是人有能力回答他的「你」，他就是生活在靈裡。若是人以整個存有走進關係，他就有能力回答。唯有憑著關係的能力，人才有辦法生活在靈裡。

但是在這裡，關係歷程的命運會極為狂暴地盤旋而上。回答越是堅定有力，它就把「你」捆得越緊，而以咒語把「你」變成了對象。唯有對「你」的沉默，**所有**音調的沉默，以還沒有成形的、無分別的、不成調的語詞，默默不語地等待著，才可以釋放「你」，平心靜氣地和「你」站在一起，而靈不再顯現，只是存在著。所有回答都會使「你」落入「它」的世界。這是人的憂傷，也是他的成就。因為知識、作品、形象和典範，都是如此在存有者當中生成的。

然而任何蛻變成（wandeln）「它」的，凝固成眾多事物之一的，都會被灌注一個意義和使命，要它一再變回來（entwandeln）。[3]一再地，——在靈的時刻裡正是如此，它臨到人身上，在他心裡孕育出回應——對象性的東西會焚化成當下，回歸到它的源頭元素，而人也在當下觀照和體會它。

有一種人會阻礙這個意義和使命，他和「它」的世界和解，把它視為經驗和使用的世界，而那些被困在其中的事物，他只會壓抑它們而不會放開它們，只會觀察它們而不會凝望它們，只會剝削它們而不會領受它們。

知識：在觀照一個面對面者時，那個存有者會對著認知者打開自己。以前被他視為臨現的東西而加以觀照的，現在他必須把它理解為一個對象而和其他對象做比較，把它歸類到一系列的對象當中，以對象性的語言描述它、剖析它。唯有作為「它」，這個面對面者才能夠進入知識的庫存。可是在觀照當中，它並不是眾多事物之一，也不是眾多事件之一，而是獨一性的臨現。存有者在訴說的，並不是自現象推論得到的法則，而是現象本身。人思考共相，那只是把盤根錯節的事件攤開來而已，因為事件是在殊相當中、在面對面當中被觀照的。而現在事件被禁錮在概念知識的「它」的形式。任何打開它的枷鎖並且把它視為臨現而觀照它，就是實現了認知行動的意義，也就是在人與人之間真實不妄的、起作用的認知行動。可是人也可能如此追求知識，也就是主張說「這就是事物的狀態，這就叫作事物，它的性質就是如此，我們可以如此加以歸類」，並且把「變成了它的事物」一直當作「它」而經驗和使用它，為了和世界「打交道」或是「征服」世界而應用它。

藝術也是如此：在觀照一個面對面者的時候，形象（Gestalt）對著藝術家展開自己。他施咒把形象變成作品（das Gebilde）。[4]作品並不是駐足在諸神世界裡，而是在這個恢宏壯闊的人類世界裡。就算沒有人打擾它，它還是在「那裡」；可是它在沉睡當中。中國詩人說，人們不喜歡他以玉簫吹奏的歌，於是他為仙人吹奏，他們都側耳傾聽；自此以後，人們也都來聆聽他的歌曲[5]：——於是他從仙人那裡走向那些對於作品而言不可或缺的人們。作品翹首盼望著和人在夢中相遇，讓他解除魔咒，在永恆的瞬間裡擁抱著形象。於是他行經這裡，經驗到該經驗的東西：作品就是這麼創作出來的，或者這就是它要表現的，或者這就是它的種種性質，或者這正是它的等級。

這並不是說科學的或藝術的理解不必要：可是它們必須忠於其作品，沉潛到那既超越理解而又涵攝了各種理解的關係真理。

第三，它是超越知識的精神和藝術的精神的，因為倏忽生滅的、血肉之身的人在這裡不必想像自己是什麼恆久不變的物質，他自己就比物質更恆久，他自身作為作品，翺翔在靈的星空裡，而他的生機盎然的言談的音樂則在他四周颯颯低吟：純粹的作工，無心的行為。在這裡，「你」從那深邃的奧祕裡向人們顯現，自黑暗裡和他攀談，而他也以他的生命回答。在這裡，言語一次又一次地變成生命，而這個生命，不管它是否遵守律法或是違反律法——這兩者都是必要的，以免靈在人間死去——，它都是一個教誨。它臨到子孫面前，不是要教導他們什麼實然或應然的東西，而是要教導他們如何在靈裡、在「你」的面前生活。而這意味著：它隨時都準備成為他們的「你」，打開「你」的世界；不，它並不是已經在那裡的，它永遠會走向他們，感動他們。可是對於生機盎然的交流以及世界的開啟感到興味索然而且不知所措的他們，其實相當見多識廣；他們把人物關到歷史裡，把他的言談關在書店裡；不管是律法的遵守或違反，他們都把它們法規化；他們也不吝於景仰甚至敬拜，而和心理學充分攪拌在一起，這正是現代人的特色。唉，猶如在暗夜裡寒星閃爍的孤寂容顏，唉，敲打著無動於衷的額頭的靈活手指[6]，唉，漸漸喑啞的跫音！

三十三

人在培養經驗和使用的能力時，大多都會降低人的關係能力。

把靈加工成享樂品的人，他要怎麼和生活在周遭的存有者相處呢？

他駐足在那區分了「我」和「它」的隔離的基本詞底下，把和鄰人的共同生活劃分成兩個涇渭分明的場域：體制和情感。「它」的場域和「我」的場域。

體制是「外在事物」，人們基於各種目的而流連其中，人在那裡工作、談判、操控、經營、競爭、組織、管理、執行公務、傳教；它是亂中有序而大抵上一致的結構，在許多人勞心勞力的協力合作之下，種種事務才得以按部就班地實踐。

情感是「內在事物」，人生活在其中，擺脫體制休息一下。在這裡，一整個情感的光譜在興致勃勃的眼睛前面搖擺不定；在這裡，人享有他的愛慕和憎恨，他的歡悅和痛苦，如果情況不算太壞的話。這裡是人的家，他可以在搖椅上伸展四肢。

體制是個複雜的廣場，而情感則是變化多端的閨房。

當然，這樣的劃分隨時都會遭到損害，因為我們任性的情感偶爾會闖入最客觀的體制裡，可是這個界限又會被人好心地修復。

在所謂個人生活的領域則是最難以做個可靠的劃分。好比說，在婚姻裡就不是那麼容易做到；可是畢竟還是有可能的。而在公共生活的領域裡，這個劃分就十拿九穩。我們看看政黨或是所謂超黨派團體和「運動」的年代，高唱入雲的大會和接地氣的政務如何完美地接替，不管是機械式而有規律的，或者是有機而雜亂無章的。

可是在體制裡被區隔出來的「它」，卻是個人偶（Golem）[7]。而在情感裡被區隔出來的「我」則是一隻四處振翼的靈魂鳥（Seelenvogel）[8]。這兩者都不認識人們；前者只認識什麼是樣本，後者則只認識什麼是「對象」，它們既不認識什麼位格（Person），也不知道什麼共融（Gemeinsamkeit）[9]。兩者都不知道什麼是「現在」：「它」，就算是最現代的「它」，也只認識僵硬的過去，那個既逝者（Fertigsein），而「我」，就算活得再久，也只認識飛掠的片刻，那個未來者（Nochnichtsein）。兩者都無法走進真實的生活。體制並不會造就什麼公共生活，而感情也不會造就什麼個人生活。

體制不會造就公共生活，越來越多人察覺到這點，也越來越痛苦地感受到它；四處尋尋覓覓的時代困境，就是源自於此。感情不會造就個人生活，這點則鮮有人知；因為感情似乎是最個人的東西棲止的地方。而如果人們像現代人一樣那麼在意自己的感情，就算是因為它們的虛妄不實而感到絕望，他們也不容易因此就醒悟，因為絕望本身也是一種感情，而且是很有趣的感情。

對於體制無法創造公共生活而感到憂心悄悄的人，他們想到了一個辦法：人必須以情感打開體制的枷鎖或是消融它，人必須導入「情感的自由」，以情感讓它重獲生機。如果說自動化的國家把完全扞格不入的人民湊在一起，而沒有創造或促進他們的共存關係，那麼就必須以愛的團契取代它；當人出於自由而熱烈的感情而想要走向對方並且共同生活，就會產生愛的團契。可是情況並非如此；真正的團契（Gemeinde）[10]並不是因為人們彼此有情感而產生的（當然也不能沒有情感），而是透過這兩個條件：他們都和一個永生的核心處於一個永生的相互關係裡。第二個條件源自第一個條件，可是還沒有和它一起出現。永生的相互關係包含了情感，但是並不源自情感。團契是由永生的關係構成的，但是那個永生的、作工的核心才是它的建造者。

就連所謂個人生活的體制也沒辦法以自由的情感而重獲生機（當然也不能沒有情感）。除了始終屬於真實的婚姻的事物，才有辦法使婚姻重獲生機：那就是兩個人相互開顯了「你」。婚姻就是由這個「你」構成的，它並不是任何一方的「我」。這就是愛的超越身心的事實，至於愛的情感則只是伴隨著它而已。但凡人想要以其他事物使婚姻重獲生機，基本上無異於揚棄了它：兩者都說，他們再也不認識事實是什麼了。而事實上，如果我們把時下議論紛紛的性愛衝動抽掉其中所有以自我為中心（Ichbezogenheit）的因素，所有的關聯性（Verhältnis），在其中，一個人對於另一個人而言並不是臨現的，也沒有被他變成臨現（vergegenwärtigen）[11]，每個人只想在對方身上找尋自己的欲樂——那麼，這樣的性愛還剩下什麼？

真實的公共生活和個人生活是相交（Verbundenheit）的兩個形態。如果要讓它們生成且持存，情感是不可或缺的，以作為其交相更迭的內容，而體制也是必要的，以作為其恆常不變的形式，可是兩者加起來，還不足以造就人的生活，而是那個第三者造就的，那個「你」的核心臨現，更真實的說法或許是，那個在當下被領受到的、核心的「你」。

三十四

基本詞「我它」並不是源自惡——正如物質也不是從惡裡出來的。那惡者是「它」，——正如物質妄稱自己擁有存有一樣。[12]如果人放任它不管，「它」的世界就會不斷在他身上蔓生，他的「我」會喪失真實性（entwirklichen），直到侵襲他的夢魘以及他心裡的鬼魅相互悄悄告解說它們並沒有得到救贖。

三十五

——可是現代人的共同生活難道不是必然會陷落到「它」的世界嗎？這個生

命的兩間斗室，經濟和國家，若不是以傲慢地放棄所有「直接性」為基礎，也就是堅定不屈地拒絕任何「外來的」、不是源自該地區本身的權威，我們可以想像它們現在的規模和完備性嗎？而如果在這裡佔據支配性地位的，是那個經驗和使用事物的「我」，在經濟裡利用種種商品和生產效能，在政治裡利用種種意見和意圖，這兩個領域裡巨大而「客觀」的產物，其規劃龐大而堅固的結構，難道不是服從於這個無限的支配性嗎？政治領袖和企業鉅子的創業垂統，難道不是因為他不把其他當事人視為無法經驗到的「你」的載體，而是把他們當作生產效能和意圖的中心點，而必須依據各自的性能加以評估和應用？如果他沒有在「它」上面加上「它」、「它」、「它」，而是試圖把「你」、「你」和「你」加總起來（其結果也只會是「你」），他頭頂上的世界豈不是會坍陷了嗎？那豈不是以鬼斧神工的技藝換來短綆汲深的半調子功夫，以熠熠朗照的理性換來不著邊際的狂熱嗎？如果我們撇開治人者不看而看看那些治於人者，現代的工作和財產模式的演變，不正是正在讓面對面的生活以及意義豐盈的關係銷聲匿跡嗎？想要扭轉這個演變，那是很荒謬的事——就算是這麼荒謬的事成功了，那也會摧毀這個文明龐大的精密機器，可是唯有它才能讓數量急速增加的人類得以存活。

——說這話的人，你說得太晚了。剛才你或許還會相信自己講的話，現在你不會了。因為上一刻你不像我一樣看見了國家有什麼領導可言，司爐們還在添薪加炭[13]，可是在上位者只是假裝在治理著不斷往前飛馳的機器而已，在你說話的這一刻，你也會像我一樣聽到了經濟的槓桿開始以不尋常的方式隆隆作響。工頭們傲慢地微笑看著你，可是死亡正潛伏在他們心裡。他們對你說，他們已經讓機器適應了種種現況；可是你會注意到，他們接下來能做的，就是盡量調整機器。他們的發言人告訴你說，經濟繼承了國家的遺產；你知道它所繼承的只不過是到處蔓生的「它」的獨裁統治，「我」越來越無力應付它，卻還在做夢說他自己才是主宰。

人類的共同生活和他一樣不能缺少「它」的世界，「你」的臨現盤旋在它上方，就像靈運行在水面上[14]。人的貪欲和權力欲望既自然而又正當，只要它們和人類對於關係的欲望拴在一起而讓它馱著它們。沒有任何本能是惡的，直到本能脫離了存有者；和存有者拴在一起且由存有者做決定的本能，是共同生活的原生質，而脫離它的本能則是原生質的解體。經濟，貪欲的住所，以及國家，權力欲的住所，只要它們分受了靈，也就分受了生命。若是它們袚除了靈，也就是放棄了生命。當然生命有的是時間可以了結它的恩怨。有一陣子，人會以為他看到的是它們的某個產物的活動，其實早就只是一部傳動器在打轉而已。在這裡導入什麼直接性，其實是於事無補的。就算拆解掉經濟結構或是國家結構，也無法彌補那個缺憾，也就是它們不再臣屬於那個說「你」的靈的至高權威了；在圓周的任何攪動，都沒辦法取代和那個圓心的永生的關係。人類共同生活的產物，它們的生命是來自豐沛的關係力量，它瀰漫在它們的每個成員身上，它們活潑潑的形式也是源自這個在靈裡接合起來的力量。服從於靈的政治人物或是商人並不是門外漢；他很清楚自己沒辦法把他所面對的人視為「你」的載體而不致於破壞他的工作。然而他還是會大膽嘗試，衝撞靈在他身上設定的界限，這個冒險可能會炸掉那些脫離了「你」的產物，可是只要有「你」的臨現盤旋其上的地方，它就會有所斬獲。他並不狂熱；他服從於真理，這個真理既超越理性也不會牴觸理性，而是把它擁在懷裡。他在共同生活裡的作為，就像在個人生活裡的人們一樣，他知道自己沒辦法以一塵不染的方式實現「你」，卻在每天的「它」裡見證到「你」的存在，每天都要重新定義那個界限，探索那個界限，依據那天的權宜尺度。工作和職業並沒有辦法自我救贖，而必須以靈為起點才能得救；唯有在靈的當下裡，所有工作才會被注入意義和喜悅，所有財產才會被注入敬畏和奉獻的力量，並不是滿溢出來，而只是足量（quantum satis）——所有工作和佔有的對象，儘管被困在「它」的世界裡，卻也會變容為面對面者以及「你」的展現。這並不是什麼敵後轉進，即使是在山窮水覆的瞬間（或許也只有在那個瞬間），也有可能另闢戰場，儘管我們以前並不知道。

究竟是國家在調節經濟，或者是經濟在對國家下指導旗，只要兩者都沒有變化，那就不是什麼重要的事。重要的是國家體制是否更自由，經濟是否更公平，然而對於這裡要探討的真實生活的問題則不然；它們不會憑著自身就是自由而正義的。那個說「你」的靈，那個回應的靈，是否一直是擁有生命而真實的；人類的共同生活裡是否還有零星散布的靈，它是否仍舊屈從於國家和經濟或者是獨立地作工；它殘存在人類的個人生活裡的部分是否依舊耐心等待著重新融入共同生活裡：以上都是關鍵所在。然而如果只是把共同生活分割成若干獨立的領域，其中包含了「屬靈生活」，那當然是行不通的；那意味著那些沉陷在「它」的世界裡的領域對著它的獨裁統治豎起白旗，卻讓靈完全喪失真實性；因為靈從來都不是在己地（an sich）對著生命獨立作工；而是依附於世界：憑著充盈於「它」的世界且使它蛻變的靈的力量。靈是真正「怡然自得的」（bei sich），如果它可以站在對著它開放的世界面前，奉獻給世界，拯救世界，也在世界那裡自我救贖。現在代表著靈的那種靈性不但支離破碎、羸弱、墮落而且充滿矛盾，除非它重新振作，回到靈的本質，也就是說「你」的能力，否則它就永遠沒有救贖可言。

三十六

「它」的世界是由因果法則全權支配的。不僅僅是每個感官可知的「物理」事件，更包括每個在自我經驗當中浮現或被察覺到的「心理」事件，都必然有因有果。具有目的性格的事件，作為「它」的世界這個連續體的構件之一，自然也不例外。這個連續體固然和一種目的論（Teleologie）並行不悖，卻只是作為對著一部分的因果法則起作用的逆轉裝置，而沒有損及其相關的完整性。

因果法則在「它」的世界裡的全權支配，在對於大自然的科學定序方面相當重要，卻不會讓人感到壓抑，因為他並不自限於「它」的世界，他可以一再從那個世界出走，而踏到關係的世界裡。在這裡，「我」和「你」自由地相遇，以一種既和因果法則無關也不受其浸染的交互作用，在這裡，人被保證擁有其存有的自由以及存有本身的自由。但凡人認識到關係，領悟到「你」的臨現，他就有能力做決定。但凡人有做決定的能力，他就是自由的，因為他來到了「你」的面前。

我的所有意欲能力的熾熱質料有如脫韁野馬似的大步向前行，所有對我而言有可能的事物自太初以來就周行不已、犬牙交錯而不可分割。種種潛能（Potenz）的誘人目光在每個角落閃爍不定，整個世界都是個試煉，而在一瞬間誕生的我，雙手伸進火裡，探到它的深處，裡頭潛伏著一個對我有所意圖的東西，那就是我的行動，它驀地抓住了我：就是現在！墮入深淵的威脅已經被趕走，沒有一個核心的雜多，因其主張炫目的同質性而可有可無，只剩下兩個事物相互接壤，另一個事物和它，妄念和使命。可是現在我心裡開始了一個實現。因為所謂的決定，並不是說成就一件事而擱置另一件事，熄滅了的物質變成爐渣一層層覆蓋著我的靈魂。人唯有把其他人的力量匯入一個人的行動，把未被揀選者不曾凋零的熱情導入被揀選的族類的實現裡，人唯有「以惡的本能事奉神」，他才能夠做決定，決定要做什麼。人若是明白了這點，他也會知道這就叫作義，選擇方向並且決定那個選定的目標；就算有個魔鬼，他也不是決定和神作對，而是永遠都不做決定。

只要人被應許了擁有自由，他便不會感到因果法則的逼拶。他知道他的凡夫生命本質上就是要在「你」和「它」之間擺盪，而他也感受到這個擺盪的意義。只要可以再度踏入他沒辦法逗留的聖所的門檻，他就於願足矣；是的，他必須一再離開那裡，這就是他此生的內在意義和使命。在那裡，在門檻前，他心裡一再重新燃起那個回答，那個靈；而在這裡，邪惡而貧瘠的地上，那星星之火必須證明它自己。這裡所謂的必然性嚇唬不了他；因為他在那裡認識到了真實的東西，那就是命運。

命運和自由早就互許終身。人唯有實現了自由，他才會和命運相遇。我在探索那個要求我投入的行動，我的這個自由的舉動便對我開顯了奧祕；但是就算我沒辦法如我所願，在這個阻抗當中，奧祕也會對我自我開顯。只要人忘卻了所有因果關係，自內心深處做了決定，只要人拋卻財物和袍子，赤條條站在那面容前：這個自由的人就會遇見命運，它和他的自由是一體兩面的東西。它不是他的界限，而是他的滿全；自由和命運相互擁抱而變成了意義；原本眼神嚴峻的命運，現在目光流轉，灼灼炯炯，宛若眼裡就有恩寵本身。

不，把火花揣在懷裡回到「它」的世界的人，並不會感到因果法則的必然性的逼拶。在生活健康的時代裡，屬靈的人的信心會流入萬民；再蒙昧的人，不知怎的、自然而然的、出於本能的、朦朦朧朧的，那個相遇，臨現，都會臨到他身上，每個人都會在某個地方感受到「你」；現在，對他來說，靈就意味著他的擔保。

然而，在生病了的時代裡，「它」的世界再也沒有「你」的世界作為生命湧泉的灌溉和施肥：隔絕而停滯，一個巨大的沼澤魅影，壓得人難以喘息。他自滿於一個由對象構成的、不再對他臨現的世界裡，因而屈服於這個世界。於是他所熟悉的因果法則也就變成了逼拶他的、壓垮他的宿命。

每個包含了若干民族的偉大文化，都奠基於一個源初的相遇事件，一個回答「你」的源頭事件，一個靈的存有行動。由於繼起的世代方向相同的力量，它創造了對於屬靈宇宙的獨特觀念——唯有透過這個屬靈宇宙，人類的宇宙才會一再成為可能的；唯有如此，人才有辦法以獨特的空間觀念，以自信的靈魂，建造聖所以及人的棲所，以新的讚美詩和歌曲充盈振動的時間，為人類共同體本身賦予了形式。但是唯有他在自己的生活裡擁有這個存有行動，不管是主動或是被動的，唯有他自己走進這個關係：他才是自由的，也因而才有創造力。如果一個文化不再以生機盎然而日新又新的關係事件為核心，那麼它就會冰凍成「它」的世界，只有孤單的靈魂間或爆發的熾熱行動才能突破它。以前熟悉的因果法則從來都沒辦法干擾關於宇宙的屬靈觀念，現在它兔起鶻舉，變成了逼拶人的、壓垮人的宿命（Verhängnis）。聰明善巧的命運（Schicksal），只要它以宇宙的豐盈意義為取向，就可以凌駕於所有因果法則，可是現在卻變成了悖理的宿命，墜落到因果法則裡。在前人眼裡[15]的善業——我們現在世的善業會使我們來世生善道——，現在卻被視為殘暴專橫的行為；因為我們所不知道的前世行為把我們囚禁在今生沒辦法逃脫的牢籠裡。以前天上的意義法則（Singesetz）籠罩著大地，它灼粲的穹頂懸掛著必然性的軸心，現在卻是由行星的力量無意義地而且頤指氣使地統治著大地；以前只是要投身到「正義」（Dike）[16]，天國的「道路」，也是我們的道路，以自由的心安住在天命（Geschick）的界限範圍（Allmaß）[17]。現在不管我們做什麼，都會感覺到無生命的世界物質的重量、和靈大相逕庭的「宿命」（heimarmene）[18]的壓迫。對於救贖的渴望，在各式各樣的實驗當中澎湃洶湧，到頭來仍舊心下慊慊，而只有那個教導人們如何從生死輪迴當中解脫的人，或者是那個拯救那些被種種權力奴役的靈魂、讓他們涵泳在神子們的自由裡的人，才有辦法讓他們的心得到止息。[19]這些造就都是來自　個實體化了的相遇事件，一個人對於他的「你」的重新回答，而那個回答也決定了他的命運。在這個核心的存有行動餘波蕩漾之下，每個文化都相忘於這個行動的輝映裡而更迭遞嬗，卻也讓另一個文化在自身當中重獲新生。

我們時代的疾病不同於以往，卻仍舊屬於所有時代的疾病之一。文化的歷史並不是窮年累世裡的一座競技場，每個文化在其中歡愉而不自覺地接力賽跑，穿越相同的生死輪迴。其實有一條道路貫穿了他們的跌宕起伏。那不是一條進步和開展的道路；它既是穿過屬靈冥府的螺旋的下坡道路，也可以說是通往極為內在的、幽微的、曲折蜿蜒的渦流的上坡道路。它既不是大步向前行，也不是向後走，而是聞所未聞的歸回（Rückkehr）[20]：也就是突破。我們是否應該一路走到底，一直到終極黑暗的試煉？然而危險之所在，亦是救贖之所生。[21]

這個時代的生物主義（biologistisch）以及歷史哲學式（historiosophisch）[22]的思考，儘管看起來大異其趣，卻都是旨在營造一種史無前例的頑固而不安的宿命信仰。那主宰著人的定數（Menschenlos）而無一例外的，不再是業力或星相；許多力量都在主張其支配權，但是如果我們仔細審視一下，當代大多數人們其實是相信由種種力量構成的大雜燴，就像古羅馬人晚期的諸神大雜燴信仰一樣。這類主張的性質也為這種信仰鋪了路。不管它是「生命法則」，也就是認為無所不在的爭鬥（Allkampf），每個人不是加入戰鬥，就是放棄生命；或者是「心理法則」，也就是認為天生的習氣構成了整個心理人格；或者是「社會法則」，也就是難以阻擋的社會歷程，意志和意識只能跟著它緊追不捨；或者是「文化法則」，也就是歷史產物一成不變的興起和沒落；不管其形式是什麼，它一直意味著：人被套在一個擺脫不了的事件裡，他沒辦法拒絕它，或者只能幻想自己有辦法抵擋它。祕教儀式讓人擺脫星宿的纏縛；知行合一的婆羅門祭典使人擺脫業的纏縛。兩者都是解脫的加行。可是大雜燴的偶像神卻和任何解脫信仰不相容，它認為只有笨蛋才會想像自己是自由的；人只能選擇當個俯首貼耳的奴僕或者是作困獸之鬥的奴僕。儘管在那些法則裡往往會談到目的論式（teleologisch）的演進以及有機的生成變化，它們在根本上卻都是對於「成住壞空」（Ablauf）的執著，也就是沉迷於無限的因果法則。關於漸進式的「成住壞空」的教法，意味著人在不斷殖生的「它」的世界面前遜位。他濫用了命運的名字：命運不是倒扣在人類世界上面的鐘罩；人唯有以自由為起點，才能夠和命運相遇。關於成住壞空的教法卻沒有賦予自由任何空間，或者是自由最真實的天啟，它淡泊寧靜（gelassen）的力量會改變大地的面容：那就是歸回。那個教法並不認識以歸回克服無所不在的爭鬥的人；以歸回撕裂習氣羅網的人；以歸回袚除階級魔咒的人；——以歸回使得確定了的歷史產物再度攪動、回春和蛻變的人。「成住壞空」的教法讓你在它的棋戲面前只能選擇遵守規則或是棄子投降；可是歸回者卻會推倒棋盤上的棋子。那個教法至少可以讓你以生命去履踐那個侷限性（Bedingtheit）的缺憾，並且在靈魂裡「保持自由」；可是歸回者卻對於這種自由嗤之以鼻，因為那是最可恥的奴性。

唯一會使人身陷宿命的，就是宿命的信仰：因為它會壓抑歸回的行動。

宿命的信仰自始就是個妄念。所有關於「成住壞空」的觀察，都只是對於宿業（Nichts-als-geworden-Sein）的歸類排序，也就是那些被孤立了的世界事件，已成為歷史的對象性；這樣的觀察無法理解什麼是源自相交的「你」的臨現。它不認識靈的真實性，它的認知圖式對於靈而言是無效的。只有對於那些不認識臨現性（Gegenwärtigkeit）的人而言，基於對象性（Gegenständlichkeit）的預言才是有效的。那些震懾於「它」的世界的人，應該都會認為關於無法改變的成住壞空的教法是個真理，它會在叢林之間開闢一塊空地。其實那只會讓他在「它」的世界裡陷溺得更深。但是「你」的世界並沒有大門深鎖。但凡人以其全部的存有，以其重獲生命的關係力量走向那個世界，他就會領悟到自由。而擺脫對於不自由（Unfreiheit）的信仰，那就是獲得自由。

三十七

正如只要人叫出夢魔的真正名字就可以打敗它，那在卑微的人類力量面前讓人毛骨悚然的「它」的世界，只要人認識了它的本質，它也就會俯首稱臣：它是那個激流湍湍的源泉的個殊化（Versonderung）和異化（Verfremdung），人世間的每個「你」都是自它奔瀉而下，和我們相遇；那個源泉有時像大地女神一樣巨大而可怕，卻一直是以母性顯現。

——但是如果人們心裡蟄伏著一個鬼魂，如果他是個被剝奪了真實性的「我」，他怎麼會想要叫出夢魔的真正名字以戰勝它呢？被埋沒在一個存有者心裡的關係力量要怎麼復活，如果每個鐘頭都有個強大的鬼魂在踩踏著那個廢墟？

如果一個存有者被那個脫離了的我性（Ichheit）的貪欲兜著圈子窮追不捨，他要怎麼打疊精神呢？如果一個人的生活任性恣意（Willkür），他要怎麼領悟他的自由呢？

——正如自由和命運是在一起的，恣意和宿命也是在一起的。可是自由和命運是互許終身且相互擁抱以構成一個意義；恣意和宿命，心靈裡的鬼魂和世界裡的夢魘，也會沆瀣一氣，毗鄰而居，老死不相往來，沒有交流也沒有磨擦，沒有任何意義可言——直到它們突然困惑地四目相接，它們心裡都知道自己無法得到救贖。現在有多少思想家鼓舌如簧，高談闊論，他們其實只是要防止或遮掩這個境況而已！

自由的人有意欲卻並不任性恣意。他相信真實世界；也就是說：他相信「我」和「你」真實的二元性的真實相交。他相信天命（Bestimmung），也相信天命需要他，天命並不是他的繫縛，它在等待他，他必須走向它，卻不知道它在哪裡；他必須以整個存有為起點，他只知道這點。結局不會是如他的決意（Entschluß）

所意欲的那樣；但是不管結局是什麼，唯有照著他可以意欲的決意去做，一切才能成辦。他必須犧牲他的小意志，那是不自由的、被外物和本能支配的，以成就他的大意志，拋下限定性（Bestimmtsein）去追尋天命。他既不插手干涉，也不只是靜觀其變。他會傾聽那生成變化，傾聽存有在世界裡的道路，不是為了搭它的便車，而是因為它需要他並且要他去實現它——憑著人的靈以及人的行為，憑著人的生命和人的死亡。剛才我說他相信；可是我的意思是說：他遇見。

恣意的人既不相信也沒有遇見。他不認識什麼相交，他只知道外頭焦灼苦惱的世界，以及他自己意圖盡物之用的熱惱欲求。我們只要為這個「盡物之用」取一個古老的名字就行了，它一直徘徊流連在諸神之間。當他說「你」，他的意思是：「喂，你，我盡物之用的能力（Gebrauchkönnen）」；而他所謂的天命，也只是用來美化和鼓勵他盡物之用的能力而已。其實他並沒有什麼天命，而只是被事物和本能限定，驕橫自負，恣意妄為。他胸無大志，他只是以任性恣意魚目混珠而已。就算他再怎麼詭辭以對，他根本沒有犧牲的能力；你聽到他一直在閃爍其詞，就知道怎麼回事了。他不斷插手干預，為的是「靜觀其變」。他對你說，人為什麼不能參贊天命，為什麼不能應用所有可行的工具去實現這個目的？他也是這麼看自由的人；他們在他眼裡沒有什麼兩樣。可是自由的人不是懷著一個目的、攜帶著工具來到這裡的；他只為一大事因緣而來：他要一再地決意走向他的天命。既然做了決意，他就會在每個叉路上更新他的決意。但是他寧可相信他不是活著的人，也不相信僅僅憑著遠大抱負的決意是不夠的，而必須有工具的輔助。他相信；他遇見。但是骨子裡什麼也不信的任性恣意的人，他的認知也只會是不信任和恣意、擬定目的以及設計工具。沒有犧牲也沒有救恩，沒有相遇也沒有臨現，他的世界是一個目的化（verzweckt）和工具化（vermittelt）的世界：它不會是不一樣的世界，而這就叫作宿命。專橫自負的他便陷入了不真實的世界而無法自拔（unauswirrbar）；只要他回想到自己，他就會明白自己的這個處境，於是他殫思極慮地想要防止或掩蓋這個回想（Besinnung）。

可是如果關於墜落（Abgefallensein）、喪失真實的「我」以及真實的「我」的回想深入根柢，也就是人們所說的絕望，而那也是自我毀滅以及重生的源頭，那麼，這或許就是歸回的開端。

三十八

《百段梵書》（*Śatapathabrāhmaṇa*）提到說[23]，有一次，天神和阿修羅在一較高下。阿修羅說：「我們要把祭品奉獻給誰呢？」他們把所有祭物都放到自己的嘴裡。可是天神們把祭物放到對方的嘴裡。而生主（Prajapati），太初的神[24]，卻把自己奉獻給天神們。

三十九

——我們可以理解「它」的世界如何自我陷溺，對於任何「你」的生成（Duwerden），它都無動於衷，也不會融化，自身則異化成鬼魂；可是人的「我」怎麼會喪失真實性呢？不管是生活在關係當中或者是在它外面，「我」只有在他的自我意識裡才會覺得有保障，那是一條把變幻萬千的狀態串在一起的堅韌金線。[25]不管我說「我看見你」或是「我看見樹」，這兩句話裡的「看見」或許不一樣，但是兩者當中的「我」都一樣真實。

——我們檢視一下，我們自我檢視一下，看看是否真的如此。語言形式不能證明什麼；畢竟，許多人在說「你」的時候，其實是意味著一個「它」，人們只是習慣性而冷漠地說「你」而已；而許多人在說「他」的時候，其實是意味著一個「你」，儘管道阻且長，人們卻以整個存有回想起「你」的臨現；在無數的情況下，「我」只是一個不可避免的代名詞，只是「在這裡的這個說話的傢伙」的必要縮寫詞而已。可是自我意識呢？如果一個句子其實是指涉一個關係裡的「你」，而另一個句子指涉的是一個經驗裡的「它」，而如果兩個句子裡意指的「我」都是真實的，那麼這兩個句子都是由其自我意識說出來的嗎？

基本詞「我你」裡的「我」，不同於基本詞「我它」裡的「我」。

基本詞「我它」裡的「我」顯現為一個「自我存有者」（Eigenwesen），意識到自身是個（經驗和使用的）主體。

基本詞「我你」裡的「我」顯現為「位格」（Person），意識到自身是（不具有從屬所有格的）主體性。

自我存有者的顯現是因為他和逃離其他自我存有者。

而位格的顯現則是因為他踏入和其他位格的關係裡。

一個是自然而然的抽離的心靈形式，另一個則是自然而然的相交的心靈形式。

逃離（Sichabsetzen）的目的是經驗和使用，而它們的目的則是「生活」，也就是終其一生槁木死灰。

關係的目的是在於它自身的存有者，也就是：「你」的接觸。因為「你」的接觸，永恆生命的氣息也會感動我們。

但凡人處於關係裡，他就分受了一個真實，也就是說：分受了一個存有，那個存有不只是在他裡頭，也不只是在他外面。所有真實（Wirklichkeit）都是個作工（Wirken），我分受它，但是不能把它據為己有。沒有分受，就沒有真實。只要是據為己有的，就沒有真實。分受越是完全，「你」的接觸就越直接。

「我」因為分受了真實而更真實了。分受越是完全，他就越真實。

但是走出了關係事件而陷入脫離（Abgelöstheit）及其自我意識的「我」，並不會喪失他的真實。分受一直都深植在他心裡，生機盎然地保存著；換個原本指涉最高的關係、也適用於所有其他關係的說法，「種子存在他心裡」[26]。這是主體性的領域，在其中，「我」同時領悟到了他的相交和脫離。真正的主體性只能動態地理解為「我」在其孤獨的真理當中來回擺盪。而對於更高且更無條件的關係的渴望，對於更完全地分受存有的渴望，也是在這裡形成而洶湧翻騰的。在主體性裡，位格的心靈實體漸漸成熟。

位格意識到它自身分受了存有，是一個共同存有者（Mitseiende），因而也是個存有者。而自我存有者則是意識到自身是個「如是而非他者的存有者」（So-

und-nicht-anders-seiende）。位格說：「我存在。」而自我存有者則說：「我就是如是存在。」對於位格而言，「認識自己」意味著：認識到你自己是個存有，對於自我存有者而言，「認識自己」則是意味著認識你的「如是存有」（Sosein）。自我存有者和他者脫離，因而也遠離了存有。

那並不是說，位格放棄了它的「特殊存有」（Sondersein），它的「他者存有」（Anderssein）；而是說，那並不是什麼決定性的視點，它只是在那裡，是存有的必要且有意義的形式。相反的，自我存有者陶醉在它的特殊存有裡，其實大多是陶醉在它為自己虛構出來的特殊存有裡。因為「認識自己」對它而言大多是意味著：虛構一個有效力的、更加澈底地欺騙它自己的自我幽靈（Selbsterscheinung）；而在對於這個幽靈的觀察和敬拜當中，它創造一個認識了自身的如是存有的假象；而對於如是存有的真正認識則會導致它的自我毀滅——或者是重生。

位格觀照他的自體（Selbst），自我存有者則只對「我的東西」感興趣：我的種屬、我的族類，我的作品，我的天賦。

自我存有者並不分受真實，也不會獲得任何真實。它和他者脫離，憑仗著經驗和使用而意圖盡可能地佔有，這就是它的動力學：脫離和佔有，兩者的對象都是「它」，都是不真實的東西。他認識到自己是個主體，卻還是貪得無饜地佔有，在他身上永遠不會有實體（Substanz）的增長，它一直都是點狀的、功能性的、一直都是個經驗者，使用者，此外無他。他的整個擴延的、多樣的「如是存有」，他的整個貪婪的「個體性」，都無助於他身上的任何實體的增長。

世上沒有兩種人；但是人性卻有兩個極性。

沒有人是純粹的位格，也沒有人是純粹的自我存有者，沒有人是完全真實的，也沒有人是完全不真實的。每個人都有雙重的「我」，可是有人傾向於位格，因而可以叫他作「位格」，有人傾向於自我存有者，因而可以叫他「自我存有者」。兩者之間都有真實的歷史結局。

人，或者人性，越是臣服於「自我存有者」的支配，「我」就越加陷溺於不真實。在這樣的時代裡，人以及人性裡的位格一直是個地下的、隱藏的而又無效的存在——直到它蒙召。

四十

在「我」的人性二元性裡，基本詞「我你」裡的「我」越是強大，他就越加會以位格為取向。

他說「我」的方式——當他說「我」時，他的意指為何——決定了一個人屬於哪裡以及往哪裡去。「我」這個語詞是人性的真正暗語（Schibboleth）[27]。

你們一聽就知道了！

自我的人（Eigenmensch）的「我」聽起來真是不和諧啊！如果它出自悲劇性的、被迫對其自我矛盾保持沉默的嘴巴，我們可能會寄予深深的同情。而如果它是出自混亂的、野蠻地、草率地、不假思索地表現出矛盾的嘴巴，那麼我們可能會感到不寒而慄。如果是出自花言巧語的嘴巴，我們可能會感到尷尬而討厭。

人若是說出那個隔離的、大寫的「我」（Ich），就會揭露了那個被貶低為知性的世界靈魂（Weltgeist）的恥辱。

可是蘇格拉底生動而意氣昂揚的「我」，聽起來多麼美好而協韻！那是無止盡的對話裡的「我」，而對話的空氣一路上覆蓋著它，即使是在法官面前，即使是在監獄裡的臨刑時刻。[28]這個「我」生活在和人的關係裡，而這個關係則是體現在對話當中。他相信人的真實，於是走出去迎向人們。如果，他和他們一起駐足於真實裡，而真實就再也不離開他了。而他的孤單也絕對不會是被遺棄的意思，就算人類世界對他沉默不語，他也會聽到那個說「你」的神（Daimonion）[29]

歌德的豐富的「我」聽起來多麼美好而協韻！那是和大自然的單純相處裡的「我」；大自然委身於他，和他不停地說話，它對他開顯種種祕密，卻不透露那唯一的奧祕。他相信它，而對薔薇說：「原來是你。」[30]——於是他和它一起駐足於同一個真實裡。此後，當他回到自身，真實的靈會一直陪著他，對於太陽的觀照會緊緊依偎著那回想著自己有多麼燦若太陽的幸福眼眸，而種種元素的友誼也引領著人走進死亡和生成變化的寂靜裡。

於是，那些相交者們，蘇格拉底和歌德之類的位格們，他們以「充分的、真實的、單純的」方式說「我」，就在每個時代裡不斷迴響著。

我們暫且在無條件的關係的國度裡找個意象說明一下：耶穌的說「我」有多麼強大、多麼讓人震撼不已，又是多麼的協韻而理所當然！因為它是無條件的關係裡的「我」，在其中，人把他的「你」叫作「父親」，而他自己則是兒子，也只是兒子而已。每當他說「我」，他的意思只會是那個對他而言無條件的神聖基本詞裡的「我」。他越是感到遺世獨立，相交也會越加強大，他也只會在相交當中和他人對話。你們沒辦法把這個「我」限縮為一個自身擁有力量的東西，或者是把「你」限縮為一個棲居在我們心裡的東西，那會再度使真實的事物，臨現的關係，喪失了真實：「我」和「你」一直都在，每個人都可以說「你」，因而成為了「我」；每個人都可以說「父親」，因而成為了兒子，真實一直都在。

四十一

——但是如果一個人的使命只是要他知道怎麼和他自己的事業打交道，也就是說，他再也不必知道和「你」有什麼真正的關聯性，再也不必知道「你」的臨現；他周遭一切都變成了「它」，變成了臣屬於他的事業的「它」，那會是什麼情況？拿破崙在說「我」的時候又是什麼意思？那樣子會很不協韻嗎？這個經驗和使用的現象不算是位格嗎？

——其實，這個時代的主人顯然不認識「你」的向度。人們說得對：對他而言，所有存有者都變成了價值（valore）。他牽強附會地把那些在他垮台之後不認他的部屬比喻成彼得[31]，可是他沒辦法不認任何人，因為他不承認任何人是個存有者。他在千千萬萬人眼裡是個邪惡的「你」，他從來都不回答任何人；而在回答「你」時，他只會說「它」；他虛構一個位格的層次去回答，——只在他自己的領域裡，他的事業領域裡，只以他的行動去回答。這就是根本的歷史障礙，它使得相交的基本詞喪失了它的實在性，喪失了它的相互性的性格：這個邪惡的「你」，對於他而言，沒有人可以變成「你」。這個除了位格和自我存有者以外、除了自由和恣意的人以外的第三個類型，並不是介於它們兩者之間，它在決定命運的時代裡以決定命運的姿態巍然聳立。一切都有如熊熊烈火一般地撲向他，而他自己卻佇立在冷餤裡；千千萬萬個關係走向他，卻沒有任何關係是出自於他；他不分受任何真實，他自己卻宛如真實一般被他人無止盡地分受。

他固然把周遭的存有者視為多功能的機器，必須基於任務而加以計算和利用。可是他也是這麼看自己的（只不過他必須一再以實驗證明他的功能，卻不曾經驗到它的限制）。他也把自己當作了「它」在處理。

於是，他在說「我」的時候顯得了無生趣，不是全心全意地在說「我」；可是他並不（像現代的自我存有者那麼）裝模作樣。他根本不談到自己，而只是「基於自己的立場」（von sich aus）說話。他或說或寫的「我」，不多也不少，只是他的直述句或命令句裡的必要主詞；這個「我」沒有主體性，可是他也沒有那種執著於「如是存有」的自我意識，更沒有自我幽靈的妄想。「我是存在著而不自知的時鐘」——於是，他說出了他的命定（Schicksalhaftigkeit）、這些現象的真實以及這個「我」的不真實，當他放下了他的事業，直到現在，他才必須或得以談到他自己，思考他自己，直到現在，他才回想起他的「我」，直到現在才顯現的「我」。顯現的不是單純的主體，卻也沒有落到主體性裡；這個「我」雖然除魅但沒有得救，他以可怕的、既協韻又不協韻的語詞喃喃自語地說：「宇宙萬有在凝視著我們！」接著他又沉陷下去，沉陷到奧祕裡。

在這樣的昂首闊步和灰飛煙滅之後，誰敢主張說這個人明白了他的驚人而難以置信的使命，——或者說，他誤解了它？我們可以確定的是，這個時代的主宰和模範，變成了邪惡的、喪失了當下的人，人們誤解了他。這個時代的人們不知道這裡是由天意（Schickung）和它的履踐主導的，而不是對於權力的貪求和權力的歡愉。他們傾心於他那頤指氣使的眉宇，卻不知道那張臉上面刻了什麼符號，就像時鐘面板上的數字一樣。他們競相模仿他睥睨存有者的眼神，卻不明白他的困境和需求，把這個「我」的硜硜自守（Sachstrenge）誤認為正在醞釀當中的自我覺知（Eigenbewußtheit）。「我」這個語詞一直是人性的暗語。拿破崙在說「我」的時候沒有半點關係力量，而只是意指一個執行命令的「我」。當人們汲汲於模仿他說「我」的方式，只是洩漏了他們不可救藥的自我矛盾。

四十二

——自我矛盾，那是什麼意思？

——如果人沒有在世界上證明關係的先天性，沒有在相遇當中對天生的「你」作工且實現它，那麼它就會轉向內心裡。它會在不自然的、不可能的對象上自我開展，也就是在「我」那裡；那意味著它在一個根本沒有開展空間的地方自我開展。於是產生了一種和自己的對峙，那不會是關係、臨現、汩汩流動的相互性，而只會是自我矛盾。或許會有些人試著把它解釋成一種關係，也就是宗教的關係，以擺脫他們可怕的雙重人格（Doppelgängertum）：他們一定會一再發現這個解釋是在虛妄不實的。這裡就是生命的邊緣。一個沒有實現的東西，逃遁到一個關於實現的瘋狂妄想裡，現在它在迷宮裡到處摸索而越陷越深。

四十三

有時候，當人想到「我」和世界之間的疏離而驚恐顫慄，他會在心裡思忖著該怎麼辦。正如你在一個恐怖的夜裡做了個醒夢（Wachtraum）而動彈不得，防波堤坍塌，深淵在尖叫，你在痛苦中注意到：我還活著，必須咬牙撐過去——可是我該怎麼辦？於是人就在那個回想的時分裡顫慄、思量而不辨東西。也許他知道方向，憑著在內心深處那個讓人厭惡的認知，他找到了歸回的方向，那條取徑於犧牲的道路。可是他拒絕這個認知，「神祕主義的東西」是經不起電燈泡（elektrische Sonne）照射的。他找來他有理由信任的思想：這個思想應該會修復一切。一個善巧方便的思想，應該可以畫出一個可靠的而且可信的世界。於是人對他的思想說：「瞧瞧躺在那裡的那個眼神冷若冰霜的女子，我以前不是和她玩在一起的嗎？你還記得那時候她怎麼對我眼波流盼、言笑晏晏的嗎？現在看看我的可悲的『我』，我要對你承認：那裡頭空空如也，不管我放什麼東西進去，不管是透過經驗或是使用，都沒辦法闖入這個『我』的洞穴。你不是要修復我和她之間的關係，讓她笑逐顏開，也讓我痊癒？」而這個親切體貼而善巧方便的思想，以它著名的速度，在左右兩側的牆上畫了一幅連環畫，不，兩幅連環圖畫。其中一幅畫的（或許應該說是「播放」，因為思想的世界圖像就像是可靠的動畫一樣）是宇宙。渺小的地球在星球的漩渦當中突現（enttauchen），渺小的人類在擁擠的地球上突現，而歷史引領人類走過一個個時期，為的是鍥而不捨地重建被歷史踩碎的文化的蟻丘。在連環畫下面題了一行字：「唯一和一切」。在另一面牆上播放的則是靈魂。一個織女巧手編織出[32]星球的軌道、所有生物的生命以及整個世界歷史；一切都是用同一條紗線織成的，它們不再叫作星球、生物和世界，而是感覺、想像，甚或是體驗以及心靈狀態。而在連環畫底下也題了一行字：「唯一和一切」。

於是，如果有一天，人因為疏離的恐怖而顫慄不已，而世界也讓他感到焦慮不安，他就會抬頭看到一個圖像（不管是左邊或右邊，隨他的方便）。他會看到「我」藏身在世界裡，而其實並沒有「我」，世界也沒辦法傷害到「我」，於是他就放心了。而又有一天，人因為疏離的恐怖而顫慄不已，而「我」也讓他感到焦慮不安，他又抬頭看到一個圖像；他不是看到空洞的「我」裡面塞滿了一整個世界，就是看到世界的洪流淹沒了「我」，於是他又放心了。

然而又有一次，當人感到顫慄不已而抬頭仰望，卻在電光石火之際同時看到兩個圖像。這時候，一股更深層的顫慄襲上他心頭。

注釋

1 考夫曼（Walter Kaufmann, in: Martin Buber, *I and Thou*, 1970, p. 87, n.1）認為這裡是在影射當時引起許多爭議的史賓格勒的《西方的沒落》（Oswald Spengler, *Der Untergang des Abendlandes*, 1918-22）。「歷史是為每一個人而存在。每一個人，及其整個的存在與意識，都是歷史的一部分。但是，下面兩個態度是大有區別的，一個是：個人經常意識到，他的生命只是廣大的生命過程中的一部分，而這一廣大的生命過程已行經了千百年。另一是：個人認為自己是置身事外，自給自足的。因為對於第二種意識形態而言，並無所謂世界歷史與歷史世界可言。」（《西方的沒落》，頁 5-6，陳曉林譯，桂冠，1975）

2 《馬太福音》12:31：「所以我告訴你們，人一切的罪和褻瀆的話，都可得赦免。惟獨褻瀆聖靈，總不得赦免。」

3 「entwandeln」有「走出和離開」的意思。里爾克（Rainer Maria Rilke）在《杜英諾哀歌》裡有「entwandelten Wesen」（早已逝去的人）一語。布伯則是以「entwandeln」（變回來）和「wan-

deln」（變化）對比。

4 「das Gebilde」同時有形象和受造物的意思。作者在下文也作「das Gebild」，特別是指「作品」。關於人的本質和藝術的本質的關係，另見：Martin Buber, *Der Mensch und sein Gebild*, 1955。

5 見：Hans Bethge, *Die Chinesische Flöte*, 1907。其中的《仙人之舞》（*Der Tanz der Götter, Les sages dansent*）說：「往昔我以玉簫，深情地為人吹奏一首歌，他們都在訕笑，他們不懂。沮喪的我把玉簫舉向天空，把我的歌獻給仙人。仙人歡喜踴躍於雲端，隨著我的歌起舞。現在我也為人吹奏我的歌以娛賓；現在他們也懂得我了，我以我的玉簫吹奏歌曲。」這首德文詩是譯自友第德・戈提耶（Judith Gautier, Judith Walter, 1845-1917）的《玉書》（*Le Livre de Jade*）。柯睿（Paul W. Kroll）認為該詩主題可能源自李白的《江上吟》：「木蘭之枻沙棠舟，玉簫金管坐兩頭。美酒樽中置千斛，載妓隨波任去留。仙人有待乘黃鶴，海客無心隨白鷗。屈平辭賦懸日月，楚王臺榭空山丘。興酣落筆搖五岳，詩成笑傲凌滄洲。功名富貴若長在，漢水亦應西北流。」見：Paul W. Kroll ed., *Reading Medieval Chinese Poetry: Text, Context, and Culture* (Sinica Leidensia, 117), p. 269, 2014。

6 用手指敲額頭，意思是罵對方是個蠢蛋。

7 在猶太傳說裡，巫師會用黏土燒成人偶而讓它有了生命。在《詩篇》139:16，「golem, galmi」則是指「未成形的體質」。布伯曾經說「人偶」是「有了生命而沒有靈魂的土塊」（Martin Buber, *I and Thou*, 1970, p. 93, n. 7）。

8 埃及神話裡的「Ba」（靈魂、身魂）的形象是人頭鳥身。見：葛哈德・貝林格《神話學辭典》，頁69，林宏濤譯，商周出版，2006。

9 共融或即「相交」，也就是相互交流、分享、建立關係。

10 「Gemeinde」有市鎮、教區、團體、團契的意思。

11 「vergegenwärtigen」原本是憶起、想像的意思，這裡則是「gegenwärtig」的動詞，「變成臨現」的意思。

12 原文作「das Seiende zu sein」，在這裡不宜譯作「是存有者」。

13 《箴言》26:21：「好爭競的人煽惑爭端，就如餘火加炭，火上加柴一樣。」

14 《創世記》1:2：「地是空虛混沌，淵面黑暗，上帝的靈運行在水面上。」

15 布伯所謂的前人指的是佛教興起之前的印度社會。

16 「Dike：狄克（法、正義）：希臘神話的處女神，正義的人格化。她是荷萊三女神（Horai）之一，宙斯和特密斯（Themis）的女兒，攸諾米雅（Eunomia）和哀勒尼（Eirene）的姐妹。她會向父親舉發每個犯罪的人，讓他們受到應有的懲罰。在黑鐵時代開始時，正義蕩然無存，她卻沒有拋棄人間，後來化身為天上的處女座。」（《神話學辭典》，頁132）

17 《哥林多後書》10:13：「我們誇耀卻不越過範圍，而只是按照天主所指給我們的界限範圍，照這範圍也一直達到你們那裡。」（中譯引自思高本）

18 海馬梅內（Heimarmene）是古代希臘神話的命運女神，也可見於斯多噶學派和諾斯替教派。見：柏拉圖《斐多篇》115a：「就如一位悲劇人物所說的那樣，命定的時刻已經到來。」（王曉朝譯，《柏拉圖全集》，第一卷，頁128）

19 《羅馬書》8:19-23：「受造之物切望等候神的眾子顯出來。因為受造之物服在虛空之下，不是自己願意，乃是因那叫他如此的。但受造之物仍然指望脫離敗壞的轄制，得享神兒女自由的榮耀。我們知道一切受造之物，一同歎息勞苦，直到如今。不但如此，就是我們這有聖靈初結果子的，也是自己心裡歎息，等候得著兒子的名分，乃是我們的身體得贖。」

20 見考夫曼關於「歸回」的解釋（*I and Thou*, pp. 35-37）。歸回是回到神那裡的意思。《申命記》4:30：「日後你遭遇一切患難的時候，你必歸回耶和華你的上帝，聽從他的話。」《約拿書》3:8：「人與畜生都當披上麻布，人要切切求告上帝，各人回頭離開所行的惡道。」

21 引自：Friedrich Hölderlin, *Patmos*, 1808。原詩作：「臨近，而神是難以把握的。（然而）危險之所在，亦是救贖之所生。」詩裡借用卡德摩斯（Kadmos）的神話，以二分法的對比，意味著神在信仰上是臨近的，而在知識上卻是遙遠的；而救贖既是來自超越界，卻是要在地上作工的。

22 歷史哲學（historiosophy）最早是由英國氣象學家約翰．馬丁（John Martin, 1789-1869）提到的，意思是以哲學去詮釋歷史進程和歷史事件，特別是神學和形上學的歷史知識觀點。

23 見：Max Müller ed. *Sacred Book of the East*, Oxford University Press, 1879-1910, *Satapathabrahmana* XI.1.8.1-3。

24 《百段梵書》裡說，天神和阿修羅都是生主所創造的。在《黎俱吠陀》裡，生主是造物神。梵書則延續了這個思想。見：高楠順次郎、木村泰賢，《印度哲學宗教史》，頁196-200，高觀廬譯，臺灣商務印書館，1971。

25 《出埃及記》39:1-3：「比撒列用藍色、紫色、朱紅色線做精緻的衣服，在聖所用以供職，又為亞倫做聖衣，是照耶和華所吩咐摩西的。他用金線和藍色、紫色、朱紅色線，並撚的細麻做以弗得；把金子錘成薄片，剪出線來，與藍色、紫色、朱紅色線，用巧匠的手工一同繡上。」

26 《約翰一書》3:9：「凡由天主生的，就不犯罪過，因為天主的種子存留在他內。」（思高本）和合本作：「凡從上帝生的，就不犯罪，因上帝的道（原文作『種』）存在他心裡。」

27 即「示播列」，《士師記》12:1-6：「基列人擊殺以法蓮人，是因他們說：『你們基列人在以法蓮、瑪拿西中間，不過是以法蓮逃亡的人。』基列人把守約但河的渡口，不容以法蓮人過去。以法蓮逃走的人若說：『容我過去。』基列人就問他說：『你是以法蓮人不是？』他若說：『不是』，就對他說：『你說「示播列」。』以法蓮人因為咬不真字音，便說『西播列』。基列人就將他拿住，殺在約但河的渡口。那時以法蓮人被殺的有四萬二千人。」

28 見：克舍挪方，《蘇格拉底追思錄》，鄺健行譯：「判決以後，他被迫活了三十天。因為那個月正值第利亞節，法律不許有任何公開的刑殺事情，直至祭祀團從第羅回來為止。在這段期間內，他向所有同遊者明白顯示生活和先前絕無兩樣。在此之前，他以生活愉快輕鬆受到所有人熱烈稱賞。一個人怎麼會死得比這樣更美？或者哪種死亡會比一個人死得最美的死亡更美？哪種死亡會比最美的死亡更快樂？或者哪種死亡比最快樂的死亡更為神祇所鍾愛？……他說：『如果神祇認為最好我結束生命，你也驚奇嗎？你不知道直到現在，我始終不向任何人讓步，堅持沒有人生活得比我好比我愉快？我相信特別關心自己怎樣變得更好的人生活得最好；充分覺得自己變得更好的人最愉快。』」

29 「古代希臘的神性存有者；人格化的守護神；為人類帶來福禍的神旨或命運。在希臘哲學裡（蘇格拉底），亦指靈魂最崇高的神性部分，相當於人類應該遵循的良知和內在聲音。」（《神話學辭典》，頁 119）另見：柏拉圖，《自辯篇》，31c。

30 見：Johann Wolfgang von Goethe, *Chinesisch-Deutsche Jahres- und Tageszeiten*, 1830：「世人公認你美豔絕倫，把你奉為花園的女皇；眾口一詞，不容抗辯，一個造化神奇的表現！可是你並非虛有其表，你融匯了外觀和信念。然而不倦的探索定會找到，『何以』與『如何』的法則和答案。」（《中德四季晨昏雜詠》，錢春綺譯）

31 《路加福音》22:54-71：「他們拿住耶穌，把他帶到大祭司的宅裡。彼得遠遠的跟著。他們在院子裡生了火，一同坐著；彼得也坐在他們中間。有一個使女看見彼得坐在火光裡，就定睛看他，說：『這個人素來也是同那人一夥的。』彼得卻不承認，說：『女子，我不認得他。』過了不多的時候，又有一個人看見他，說：『你也是他們一黨的。』彼得說：『你這個人！我不是。』約過了一小時，又有一個人極力的說：『他實在是同那人一夥的，因為他也是加利利人。』彼得說：『你這個人！我不曉得你說的是什麼！』正說話之間，雞就叫了。主轉過身來看彼得。彼得便想起主對他所說的話：『今日雞叫以先，你要三次不認我。』他就出去痛哭。」

32 「spinnen」有「紡織」和「胡扯、虛構」的意思。

第三部

四十四

種種關係的延長線會在永恆的「你」裡面相交。

每個個體化的「你」都是對它的透視。透過每個個體化的「你」，基本詞會對著永恆的「你」說話。由於所有存有者的「你」的中保（Mittlertum），種種關係的充盈（Erfülltheit）會臨到每個存有者，也包括關係的缺憾。天生的「你」會在每個關係裡自我實現，但沒有一次是滿全的。只有在和那個本質上不會變成「它」的「你」的直接關係裡，它才會滿全。

四十五

人以各式各樣的名字和他們的永恆的「你」說話。不管他們以什麼名字歌頌它，他們的意思都是「你」：種種讚歌是最早的神話。接著那些名字一個個降臨到「它」的語言裡；人的心裡漸漸有個衝動，想要把他們的永恆的「你」等同於「它」而談論它。可是神的所有名字一直都是神聖的：因為人不只是以那些名字談論神，也以它對神說話。

有人會認為使用「神」這個詞是不恰當的，因為它被濫用得太厲害了。當然，它是人類的語詞當中最多義的。正因為如此，它也是最不朽的也最不可避免的。但凡人對神說話，他所稱呼的神就是意指著祂，相較於這個唯一的真理，所有關於神的本質和作工的妄說謬論（儘管沒辦法有別的說法）又算得了什麼呢？因為只要人使用了「神」這個語詞而且真正意指著「你」，不管他陷入什麼樣的計執妄想，他都是在和他生命的真實的「你」說話，那個「你」不會受限於任何他者，而他也會駐足於一個涵攝了所有其他關係的關係當中。

但是就算有人討厭那個名字，而且誤以為自己是不信神的，如果他以他整個盡心盡性盡意的存有對他生命裡那個不會受限於任何他者的「你」說話，那麼他就是在和神說話。

四十六

當我們走在路上，和一個迎面走來的人相遇，我們只知道我們自己走過的路，而不知道他的來時路，我們只有在相遇裡才體會到他走過的路。

我們知道那是滿全的關係事件，依據我們以往的生活、我們的起點、我們走過的路。至於其他的道路，我們只是聽說但不是很清楚。我們在相遇當中聽說了它。可是如果我們把它說成在相遇當中對面的事物，我們就是言過其實了。

我們關心的事物，我們擔憂的事物，並不在對向的路上，而是在我們這邊；那不是恩寵，而是意志。我們唯有走向恩寵的臨現並且等候它的臨現，它才會和我們有關；它不是我們的對象。

「你」臨到我面前。而我則是踏入和那個「你」的直接關係裡。所以，關係既是被揀選的也是揀選本身，既是被動的也是主動的。正如以整個存有投入的行動會揚棄所有片面的行動以及行動的所有感覺（它們都是奠基於行動的侷限性），被動狀態也應該是如此。

這就是一個完人的作為，以前被人叫作無為（Nichttun），他心裡沒有任何個人或片面的念頭擾動，波瀾不驚而與世無爭。那行住坐臥的，是個整全的、被涵攝在其整體裡的、安住於其整體的人；他變成了一個行動的整體。堅持著這個境性的人，也就可以啟程走向那至高的相遇。

他不必為此而厭離那作為一種表象世界的感官世界。並沒有什麼表象世界，而只有世界而已——當然，依據我們的雙重態度，它會有雙重的顯現方式。我們要破除的，只有隔離（Abgetrenntheit）的魔咒。人不必「超越感性經驗」；對我們而言，每個經驗，就算是屬靈經驗，到頭來都只是一個「它」。人不必轉向一個理念和價值的世界：對我而言，它們不會變成臨現。人不需要這一切。那麼我們可以說到底需要什麼嗎？那絕對不是什麼準則。在人類思想的各個時代裡構想和設計出來的所有準則，都是作為資糧、訓練和瑜伽（Versenkung）[1]之用，和相遇的源初簡單事實一點關係也沒有。不管是由於哪一種訓練而得到的知識或力量上的優勢，都和這裡所說的無關。這些都在「它」的世界有自己的位置，一步也不會走出那個世界。就種種教義而言，走出去是無法傳授的事。我們只能畫個圓圈表示，它排除了任何不在圓圈裡的東西。於是我們就明白了那是怎麼回事：那是完全接受臨現。

人越是迷失在他的隔離當中，那麼接受就預設了更大的風險以及更根本的歸回；人要捨棄的並不是如大部分的神祕主義者所說的「我」：在所有關係裡，「我」都是至關重要的，因為關係只會發生在「我」和「你」之間。要捨棄的不是「我」，而是那個虛妄的自我主張的衝動（Selbstbehauptungstrieb），它驅使人逃離那個不可靠的、不堅固的、稍縱即逝的、難以捉摸的、危險的關係世界，而汲汲營營於佔有事物。

四十七

任何和世界裡的一個存有者或存有的真實關係都是獨一的。關係裡的「你」是個無拘無束的、走出來的、唯一的、面對面的存有者。它充盈著整個蒼穹：那並不是說整個世界再也沒有其他存有者了，而是說，所有其他存有者都活在它的光照底下。只要關係的臨現一直持續下去，它的整個世界就不會被侵犯。可是一旦一個「你」變成了「它」，整個關係世界就可能會顯現為對世界的一個冒犯（Unrecht），而它的獨一性（Ausschließlichkeit）也會變成了排除（Ausschließung）整個宇宙。

在和神的關係裡，無條件的獨一性和無條件的包容性（Einschließlichkeit）是一體的。任何人踏入絕對的關係，個人的事就再也不重要，也和事物或存有者、大地或蒼穹無關；可是一切都被包含在關係裡。因為踏入純粹的關係並不意味著要忽視其他一切，而是要在「你」裡面看見一切；不是要捨棄世界，而是要讓世界站穩腳跟。轉過頭不去看世界，那樣子並無助於走向神；而怔怔望著世界，也無助於走向祂；可是如果人在神裡觀照世界，就是駐足於祂的臨現。「此岸的世界，彼岸的神」——這是「它」的說法；「神在世間裡」——這也是另一個「它」的說法；可是什麼也不排除，什麼也不捨棄，領悟一切——在「你」裡頭領悟整個世界，把世界的權利和真理歸還給它，在神之外沒有任何東西，卻也在祂裡頭把握一切，這就是滿全的關係。

如果人執著於世界，那是找不到神的，如果人厭離世界，他一樣也找不到神。如果人以整個存有走向他的「你」，並且把整個的世界存有者都交付給它，他就會遇見（finden）那個遍尋不著的「你」。

當然，神是「完全的他者」（Das ganz Andere）；然而祂也是完全的同一者（Selbe）：完全臨現者。當然，祂是恐怖的奧祕（mysterium tremendum）[2]，那個顯聖且震懾人的奧祕；然而祂也是不證自明的奧祕，比我的「我」更加靠近我。

如果你要探究事物和有限者的生命，你會不得其解，如果你要爭論事物和有限者的生命，你到頭來會一無所獲；如果你為生命祝聖，你就會遇到永生的神。

四十八

當人在和所有個別的「你」的關係裡經驗到變成「它」的那種失望，「對於『你』的感知」（Du-Sinn）會讓他走出那些經驗，卻不會加緊腳步走向那個永恆的「你」。那並不是一種追尋：其實並沒有追尋神這種事，因為人不會沒辦法遇見祂。如果人偏離他的人生道路而意欲找尋神，那會是多麼愚騃而不可救藥的事啊：就算他擁有獨處的智慧和繫念不亂的力量，他還是會錯過祂。那應該是一個人走在他自己的路上，只希望那是正確的道路；他的願力訴說了他的渴求。每個關係事件都是個車站，它讓他看到了事件如何變得滿全。他沒有參與所有事件，但是他會參與一個事件，因為他有所期待。他有所期待，但不是馳求，他就這樣走在他的道路上；於是，他對於所有事物都感到泰然自若（Gelassenheit），他也會伸手扶它們一把。可是當他遇見的時候，他的心並沒有掉頭離開，儘管現在他在一裡和一切相遇。他祝福所有曾經讓他有個棲身之處的驛站，以及他以後還會投宿的地方。因為這個遇見並不是路的盡頭，而只是在它永恆的中心點上。

那是個沒有追尋的遇見；發現（Entdecken）那在源頭裡的東西以及那個源頭。

這個「對於『你』的感知」，它永遠不會饜足，直到它遇見無限的「你」，可是它自始就感知到「你」的臨現：這個臨現必須是源自被祝聖的世界生命的真實性，對他而言才會是完全真實的。

神是沒辦法從某個事物推論出來的，例如大自然的造物主，或者是歷史的舵手，或者是作為自體的主體，在自身當中思考祂自身。[3]不會有個「既有者」而從它推論出神來，祂是直接、源初而永久地和我們面對面的存有者：恰當地說，我們只能和那個存有者交談，而不能論說祂。

四十九

有人會認為情感是人和神的關係的基本元素，並且把它叫作「依賴感」（Abhängigkeitsgefühl），最近有個比較精確的說法，叫作「受造者的感覺」（Kreaturgefühl）。[4]儘管對於這個元素的強調和定義是正確的，可是由於這個不成比例的強調，而使人忽視了滿全的關係的這個性格。

前文關於愛的說法也適用於此處：感情只是伴隨著關係的事實才出現的，而關係的實踐不是在心靈裡，而是在「我」和「你」之間。就算我們再怎麼重視感情，它還是服從於心靈的動力，此起彼落，不斷地被另一個感情追趕過去、超越和揚棄；不同於關係，感情是可以用刻度比較的。感情尤其是存在於兩極對立當中，它的色調和意義不只是來自於它自身，更是來自它的對立面；每個感情都是以它的對立面為條件的。而絕對關係其實是涵攝了所有相對的關係，它不再只是一個部分，而是一個整體，是它們的完美極致以及合而為一，可是心理學卻把它溯源到一個孤立而有限度的感情，因而把它相對化了。

就心靈而言，滿全的關係只會是兩極的，只會被理解為對立的和諧（coincidentia oppositorum）[5]，也就是種種對立的感情的統一。當然，如果意識回頭看，其中一端會因為被人們的基本宗教態度的壓抑而時常消失，唯有在最開放而沒有成見的深層內省裡，人們才會想起它。

是的，在純粹的關係裡，以前的你覺得自己是絕對依賴性的，那是你在其他關係裡不會有的感覺；——可是你也覺得自己是絕對自由的，那也是在其他地方感覺不到的；你既是受造者，卻又擁有創造力。你再也不會擁有一個感覺而被另一個感覺困住，它們會無拘無束地和平相處。

你需要神甚於其他一切，你心裡一直都知道這點；但是神不也需要你，在祂豐盈的永恆裡需要你嗎？如果神不需要一個人，怎麼會有那個人？又怎麼會有你？為了存在，你需要神，而神需要你——因為那正是你生命的意義。種種教義和詩歌不厭其煩地說，也許說得太多了：「生成的神」（der Werdende Gott），那真是個曖昧又僭越的說法，——然而那是存在著的神的生成，我們在心裡堅定不移地明白這點。世界不是神的棋局，它是神性的命運。世界的存在，人的存在，人的位格的存在，你和我的存在，都有神性的意義。

創造（Schöpfung）——它發生在我們身上，它延燒到我們心坎裡，烈燄吞噬了我們，我們顫慄，失去知覺，我們屈服。創造——我們分受了它，我們遇見了創造者，我們把自己交給他，我們是他的助手和同伴。

每個時代都有兩個重要的僕人，禱告和獻祭。禱告者以毫無保留的依賴把自己傾倒出來，知道自己——不可思議地——對神作了工（wirken），即便沒有從神那裡得到（erwirken）什麼；因為如果他已經無欲無求，就會看到他的作工在熊熊大火裡燃燒。那麼獻祭者呢？我沒辦法對他置若罔聞，上古時代的忠實僕人，他堅信神會悅納他的燒化祭的香氣：他以瘋狂而堅定不移的方式明白人可以也應該奉獻神；而但凡人把他的小意志奉獻給神，而以大意志和神相遇，他也會明白這點。「願你的意志實現」[6]，雖然他只是這麼說，但是真理會為他繼續說：「透過我，你需要我。」獻祭和禱告和所有巫術有什麼差別呢？巫術不必踏入任何關係就可以禳災度厄，在虛空中移星換斗，撒豆成兵；可是它們[7]卻是站在「面前」[8]，走進那神聖的基本詞的完美裡，那意味著交互作用。它們會說「你」，而且也會傾聽。

若人意欲把純粹的關係理解為依存性的，那就意味著要使關係的其中一個當事人喪失真實性，而且也會剝奪了關係本身的真實性。

五十

如果我們反過來看，認為瑜伽以及回歸自性是宗教行為的基本元素的話——不管是擺脫所有我執的繫縛，或者是把自性視為唯一的思考者和存有者——情況也會如出一轍。第一個觀點認為神會走進破除我執的人心裡，或者是人消融在神裡頭[9]，而第二種觀點則認為自性是獨立自存的，是個神性的一；第一種觀點認為在至高境界裡，再也不會說「你」，因為再也沒有二元性了，而第二種觀點則認為其實沒有說「你」這種事，因為其實沒有二元性這種東西[10]；第一種觀點相信人神的合而為一（Vereinigung），而第二種觀點則相信人神的同一性（Identität）；兩者都主張有一個不存在著「我」和「你」的彼岸，第一種觀點認為那是未來的事——大抵上是在出神的狀態裡，第二種觀點則認為那是自存的且自我開顯的——類似思考的主體的自我觀照。兩者都揚棄了關係，第一種觀點是動態的，「我」宛若被「你」吞噬了，現在它再也不只是個「你」，而是個獨存者（das Alleinseiende），第二種觀點則是靜態的，自我現證自性而得解脫，並且認識到自己是獨存者。依他起性的學說認為支撐著純粹關係的世界穹窿的自我太軟弱而微不足道，因而讓人很難相信自我可以支撐這個關係，有的瑜伽學說則認為這個穹窿會隨著它的圓滿而消失，也有的瑜伽學說認為那是必須被超越的妄念。

瑜伽學說是奠基於同一化（Identifizierung）的偉大格言——尤其是約翰所說的

「我與父原為一」[11]，以及刪提羅（Sandilya）的學說：「那涵攝一切者，是我在內心裡的自我。」[12]

這兩則格言的道路是相互矛盾的。第一則格言源自一個人神話式的生命，（在一段伏流以後）開展為一個學說，另一則格言則是在一個學說裡浮現，（暫時）匯流到一個位格的神話式的生命裡。在這兩條道路上，格言的性格都會改變。《約翰福音》裡的基督，絕無僅有地成血肉的聖言[13]，引領我們來到艾克哈特大師[14]的基督，神在人的靈魂裡永恆地生下的基督；《奧義書》裡為自我加冕的說法「彼為真，彼為自我，彼為爾矣」[15]，更是在指顧之間引領我們來到佛陀的廢黜自我的教法：「我及我所實則不可得。」[16]

這兩條道路都想把起點和終點分開來看。

但凡人不心存偏見，逐章詳讀《約翰福音》，應該都看得出來，「我與父原為一」的訴求其實是不必要的。它其實就是關於純粹關係的福音。其中的真理更勝於大家耳熟能詳的神祕主義式的詩句「我就是你，你就是我」[17]。聖父和聖子，既然是同性同體（Wesengleichen）——我們就可以說：同性同體的神和人，是不可揚棄的真實的二，是源初關係的兩造，由神到人的關係，是差遣和誡命，由人到神的關係，則是觀照和聆聽，而兩者之間的關係，則叫作認識和愛，在那個關係裡，正如聖父在聖子裡居住和作工，聖子也對著「那更大者」俯首禱告。[18]現代人試圖把對話的這個源初真實性曲解為自我和他的自體之類的東西的關連性（Verhältnis），彷彿它是一個被侷限在人類自身完足的內心世界的事件，但是這些企圖都是枉然的；它們都只是屬於真實性的喪失（Entwirklichung）的可悲歷史而已。

——那麼神祕主義呢？它不是見證了「不二一性」（Einheit ohne Zweiheit）的體驗嗎？我們可以懷疑這個見證的可靠性嗎？

——關於人對於任何二元性如何泯然無際而不存於心，我知道有兩種不同形式的事件，而不可以一概而論。神祕主義往往把它們混為一談，以前的我也是一樣。

其中一種事件是靈魂的一境性（Einswerden）。那不是人和神之間的事件，而是在人自己心裡的。所有力量都聚集在一個核心，所有要想要讓它退卻的企圖，都被它吸進來。存有者塊然獨立於它自身之中，並且欣喜歡呼，就像帕拉切爾蘇斯（Paracelsus）所說的。[19]這是人的決定性瞬間。如果沒有這個瞬間，對於靈的作工，他就幫不上忙。在這個瞬間裡，重要的是人在心裡判定那到底是意味著身心的安頓或者是一種履踐。人唯有心志專一，才可以和奧祕以及救贖完美地相遇。可是他也可能會耽於禪悅而不願意承擔至高的義務，因而退墮到放逸散亂。在我們的道路上處處都要抉擇：不管是有意的、直覺的或是暗地裡的抉擇；但是在內心深處的這個抉擇卻是最神祕的、和人的使命息息相關的。

另一種事件則是那種深不可測的關係行動本身，人在其中感覺到二變成了一：「『一』和『一』合而為『一』，那寸絲不掛者映照著寸絲不掛者。」[20]「我」和「你」沉沒了，一直站在神性的對面的人性，現在也消融在神性裡了，榮耀、神化、一即一切（Alleinheit），現在都顯現了。可是當人變容而疲憊地回到杌隉不安的人世間，以澄澈明白的心回想這兩個世界，他會不會覺得存有分裂了，而其中不潔淨的那個部份顯然被放棄了？就算我的靈魂重新從這個世界「被提」（entrückt）到那個「一」裡，可是這個世界（必然地）和那個「一」完全沒有關係，那對我的靈魂有什麼幫助呢？——「神的悅納」對於一個分裂的生命有什麼益處呢？那個極為豐盈的天國的瞬間和我的悲慘的人間瞬間難道不是一點關係也沒有嗎？對於仍然必須在人世間認真生活的我，又有什麼關係呢？所以大師們都知道要捨棄「成為一體」的那種出神經驗（"Einung"-Ekstase）的喜悅。[21]

那並不是什麼成為一體。我以人類做個譬喻，人們會在性愛的激情當中因為顛鸞倒鳳的旖旎風光而渾然忘我，使得關於「我」和「你」的認知被淹沒在兩人成為一體的感覺裡，而那種一體性其實並不存在也不可能存在。出神忘我者所謂的合而為一，其實是讓人欣喜若狂的關係動力；那並不是在世界時間的這個片刻裡產生的消融了「我」和「你」的一體性，那其實是關係本身的動力，那個關係佇立在兩個堅定不移地相遇的當事人面前，而可以掩蓋這兩個欣喜若狂的人的感覺。接著這裡會充斥著關係行動的極度誇大；人會強烈感受到關係本身以及它的生氣勃勃的一體性，而致使關係裡的成員顯得蒼白無力，由於關係的生命沛然莫可禦，使得那建立關係的「我」和「你」被遺忘了。這就是臨界現象之一，真實性會延伸到那裡而漸漸黯淡下來。可是對我們而言，相較於存有臨界的謎團，更重要的是人世間生活的每個時刻的核心真實性，加上楓樹枝椏上的一抹陽光，以及對於永恆的「你」的直覺。

可是會有其他瑜伽學說反駁這個立場，主張梵我為一，而「說『你』」並沒有辦法讓人們現知現證究竟實相。

我們從學說本身就可以看到對於這個主張的回應。《奧義書》裡提到諸神之首因陀羅（Indra）來詣生主，他想知道人如何找到且認識自性。他當了一百年的學生，兩度以為得到了導師的正法而離開，後來導師終於告訴他正法說：「人若熟睡，安靜恬適，不知夢境，此自我也。彼是永生者，是無畏者，是即大梵也。」於是因陀羅滿心慰足而去，不久卻心生疑惑，於是折返問導師：「老師，誠然，是今其人不復識此自我，以為我是某人，亦復不知其餘一切事物矣，是則墮於滅盡也，——我不見此中之可樂焉！」「摩伽婆！固如是也！」生主回答他說。[22]

由於該學說裡包含了關於真正存有的命題，不管它的真理內容是什麼（我們此生不可能探究得知），它都和生活世界不一樣，因為這個世界被貶抑為幻相世界。而既然該學說包含了趣入真實存有的法門，它的終點也不會是生活世界，而是「滅盡」，在那裡不會有意識，因而也不會有回憶，從那個經驗裡出來的人或許會以「不二」這個界限詞（Grenzwort）來指涉那個經驗[23]，卻仍然沒辦法宣告說它就是「一」。

可是我們還是要虔誠守護著在此生（或許再也沒有更接近這個真理的來生）賜予我們的真實性的神聖資糧。[24]

在生活世界裡並沒有存有的「一」。真實性只存在於作工當中[25]，真實性的力量和深度也只會來自於作工的力量和深度。就算是「內心的」真實性，也只存在於交互作用當中。如果一切都投入作工當中，那麼沒有任何保留的人以及涵攝一切的神，成為一體的「我」以及無限的「你」，就成了最強大而深邃的真實性。

成為一體的「我」：因為（如前所述）靈魂的一境性是在生活世界裡才會有的事，也就是把所有力量都專一收攝到核心裡，收攝到人的決定性瞬間裡。可是它並不是像瑜伽法門那樣捨離（Absehen）真實的位格。瑜伽法門只是要守護「清淨的」、自性的、恆久的事物，而摒棄其他客塵煩惱；而我所說的成為一體，它並不會認為我們的本能太污濁，也不會認為感官事物太膚淺，更不會認為感情太短暫，一切都要被收攝進來而加以安頓。它意欲的不是一個抽離了一切的自我，而是完整無缺的人。成為一體的對象是真實，而它自身就是真實。

瑜伽學說主張且授記繫念於那個「唯一的思考者」、「思考世界者」、純粹的主體。[26]可是在生活世界裡不會有一個沒有被思考者的思考者，在這裡，思考者和被思考者是互依互存的。一個廢除了對象的主體，其實也就揚棄了它自己的真實性。存在著一個為己存在（für sich）[27]的思考者——它存在於思考當中，也就是作為思考的產物和對象，欠缺想像內容的界限概念（Grenzbegriff）；它也存在於預定的死亡當中，人們也會用一個隱喻替代它，也就是同樣捉摸不透的沉睡；

最後則是該學說關於瑜伽類似沉睡狀態說法，它本質上是沒有意識和記憶的。[28]這可以說是「它」的語言的極致。人們不得不佩服它的捨離的至高力量，卻也認識到它最多只是個知見而沒辦法現證。

佛陀，「梵行已立、所作已辦」的薄伽梵，則是無有言說。他不說有「一」也不說沒有「一」；他不說成就瑜伽而入滅者會住於「一」，也不說他不會。這個「止止不須說」，這個「聖默」[29]，可以有兩種解釋；理論上：因為梵行是離一切知見言詮的範疇的；實踐上：因為揭露諸法實相於梵行無益。其實這兩個解釋皆為真：但凡人把存有者視為一個命題的對象，他就起了分別心（Schiedlich-keit），也就落入作為其反命題的「它」的世界——在那裡是不會有梵行的。「諸比丘……若見言：『命即是身。』彼梵行者所無有。若復見言：『命異身異。』梵行者所無有。」[30]就算是在生活世界裡，但凡人觀照奧祕，那裡就不會有「如是」或「不如是」，不會執取有或非有，而只有亦此亦彼，有亦非有，只有不可分者。以無分別心面對著無分別的奧祕，是梵行的源初條件。當然，佛陀也認識到這點。正如所有真正的導師，他要教導人的不是觀點，而是道路。他唯一訶止的主張，是「愚夫」的主張，也就是於語言文字中說無為、無作、無起：人們可以做的，就只是起而行。他唯一的主張，也是決定性的主張，就是：「諸比丘，有無生、無為、無作、無起。」[31]若非如此，道路就沒有了目的地，正因為如此，道路才有個目的地。

我們可以不違反我們相遇的真理而跟著佛陀走到這裡：若是再往下走，就會背棄我們的生命的真實性了。因為根據那不是挖掘自我們心裡、而是灌注且授與我們的真理和真實性，我們知道：就算它是許多目的地之一，它也不會是我們的目的地，而如果它是唯一的目的地，那麼它就是個誤稱。再者：如果它是眾多目的地之一，那麼道路或許會通向它，如果它是唯一的目的地，那麼道路就只是會接近它一點而已。

佛陀把目的地叫作「苦滅」，也就是再也沒有成住壞空：解脫生死輪迴。「不受後有」是那些斷除生存的貪欲並且止滅生死流轉的人們的說法。[32]我們不知道是否真的有輪迴；我們不會把我們生活在其中的這個時間向度延伸到此生之外，也不會試圖探究生命的期限和法則會向我們揭露什麼；可是如果我們真的知道有輪迴，那麼我們就不應該試圖逃避它，我們渴望的不是喧囂擾攘的存在，而是有機會在每一生裡都可以用適合那一生的方式和語言，訴說變易者（das Vergängliche）的永恆的「我」，以及不變易者（das Unvergängliche）的永恆的「你」。

佛陀是否真的了生脫死，我們不得而知。但是他的確是成就了中程目標，而且也和我們有關：那就是靈魂的一境性。但是他的成就當然不只是捨離「見之叢林」，更要捨離「虛妄諸相」[33]——可是它對我們而言並不是虛妄的，而是可靠的世界（儘管有種種主觀化的直觀弔詭，**對我們而言，那也是屬於世界的一部分**）；可是他的道路是一種捨離，而當他要我內觀我們的身體時，他的意思和我們基於感覺確定性的身體觀念正好相反。而且他也不會要合而為一的存有者走向對他開放的至高的說「你」。他在內心深處的決意似乎是以揚棄說「你」的能力為其鵠的。

佛陀知道怎麼對人說「你」——它顯現在他和弟子們之間極為尊勝卻又直接的往來當中——，可是他無法可說；因為這個慈愍，也就是「心與慈俱，遍滿一切世間成就遊」[34]，和存有者之間直接的面對面是完全兩回事。在他的聖默深處，他當然也知道說「你」的始基（Urgrund）是什麼，它超越了在他心裡和弟子平等對待的「天人眾」，——他的梵行是來自一個已經變成實體的關係事件，它也是對於「你」的回答；可是佛陀對此默然不語。

可是他的族人弟子，也就是「大乘佛教」，卻冠冕堂皇地悖離了他。他們和人的永恆的「你」攀談——而且是以佛陀之名。而作為未來佛，也就是這個賢劫的下一個佛，他們在等待他來實現這個慈愍。[35]

所有瑜伽學說都奠基於折返到自身當中的人類心靈的巨大妄想：它以為心靈是源自於人。其實心靈只是以人為起點——在人以及那個不是他的存有者之間。而由於這個折返到自身的心靈捨棄了他的意義，他的關係意義，那麼他就必須把那個不是人的存有者拉進人裡面，他必須把世界和神都心理化（verseelen）。這就是心靈的心理妄想。

「『我要宣說的是，吾友，』佛陀說：『就在這一副一尋（伸張兩臂長度為一尋）那麼高的、有各種感覺的苦行者身體裡，安住著世界以及世界的生成，世界的斷滅，以及世界斷滅之道。』」（「佛告赤馬：『我今但以一尋之身，說於世界、世界集、世界滅、世界滅道跡。』」）[36]

話是沒錯，但是到頭來它就再也不會是真實的。

的確，世界作為觀念而「安住」在我心裡，正如我作為事物而安住在世界裡。然而正因為如此，它也就不住在我心裡，正如我也不住在它裡頭。世界和我是相互涵攝的。這個內在於「它」的關聯性裡的思考矛盾，會被「你」的關聯性，它會讓我脫離世界，為的是和它相交。

自我感知（Selbst-Sinn）一直被我放在心裡，它沒辦法被涵攝到世界裡。而沒辦法被我涵攝到我的觀念裡的存有感知（Sein-Sinn），則是一直在世界自身裡。然而它並不是可以思考的「意志」，而是世界的整個世界性（Welthaftigkeit），正如自我感知並不是「認知的主體」，而是自我的整個執取我（Ichhaftigkeit）。任何進一步的「化約」在這裡都無效：只要人不尊重這些最終的單位，都會使得那只能領會而無法概念化的感知破滅。

世界的成住壞空並不在我心裡；可是它們也不外在於我；它們根本不存在，它們周行不殆，它們的生滅也和我有關，既和我的生命、我的決定、我的作工、我的服事有關，也取決於我的生命、我的決定、我的作工、我的服事，可是並不取決於我如何在心裡「肯定」或「否定」世界，而是取決於我對於世界的心態是如何獲得生命的，獲得一個對世界作工的生命，獲得真實的生命，在真實的生命裡，每一條大異其趣的道路都要相交。可是如果人只是要「體驗」他的心行，只是想在心靈裡面做活計，不管他再怎麼殫思極慮，他也是無世界性的——而在他心裡的所有遊戲、藝術、陶醉、狂熱以及奧祕，完全沒有觸及世界的任何髮膚。人若是只在他的自我裡得到解脫，那麼他既不會慈愍世界也不會傷害世界，他和世界一點關係也沒有。只有相信世界的人才會和世界本身有關係；而如果他獻身世界，他就不可能一直不信神。讓我們愛這個從來都不想被揚棄的真實世界吧，就算它再怎麼可畏可怖，我們也要愛它，大膽地用我們心靈的手臂擁抱它：而我們的雙手就會和執起我們雙手的那雙手相遇。

我不知道有哪個「世界」或「世俗生活」會讓我們和神分開。會被人那麼說的，是一個以疏離的「它」的世界為依怙的生活，是個經驗和使用的生活。但凡人真正走出自己而朝著世界走去，他就是走出自己而朝著神走去。成為一體和走出自己，兩者一樣的真實，一而二，二而一，都是不可或缺的。

神擁抱萬物，卻不是它們；神也擁抱我的自我，卻不是它。正因為祂是言語道斷的，我才可以用我的語言（正如每個人用他們的語言）說「你」：正因為如此，才有「我」和「你」，才有對話，才有語言，才有靈，它的源初行動就是語言，也才有永恆的語詞。

五十一

人的「宗教」境況，他的當下的存在，由他的本質性的、無法解決的二律背反（Antinomik）可見一斑。[37]這個二律背反本質上就是無法解決的。如果人接受正題（These）而拒絕反題（Antithese），他就是牴觸了這個境況的意義。如果人試圖以綜合命題（Synthese）去思考它，他就是破壞了這個境況的意義。如果人試圖把二律背反相對化，他就是揚棄了這個境況的意義。如果人想除了以他的生命之外的方法去調停這個二律背反的衝突，他就是違反的這個境況的意義。這個境況的意義在於它就是在（也只能在）所有二律背反裡頭被體驗的，不斷地被體驗，反覆回味，既無法預測，也沒有任何期待或規定。

我們可以比較宗教上的二律背反以及哲學上的二律背反，這樣就會更加明白。康德（Immanuel Kant）喜歡把必然性和自由之間的哲學衝突相對化[38]，他把必然性指派給現象的世界，而把自由分配給存有的世界，於是這兩個立場再也不會真正地對立，它們井水不犯河水，正如它們各自在其中被視為有效的兩個世界一樣。可是如果我所說的自由和必然性不是在構想的世界裡，而是在我的「站在神面前」的真實性裡，如果我知道「我聽憑他人處置」，而且也知道「那其實是取決於我」，那麼我就不可以把不相容的命題指派到兩個不相屬的有效性領域，而逃避我必須體會的弔詭（Paradox），我也不可以假手於神學而在概念上獲得和解，我必須勇於承擔，一而二、二而一地體會它們。

五十二

動物的眼睛擁有讓人驚豔的語言能力。自主性的，不必聲音和姿勢幫忙，它們的眼神勝於千言萬語，娓娓訴說著大自然這個牢籠的奧祕，那也是對於變動的擔憂。只有動物才知道這個奧祕的情狀，只有它們才能對我們打開它，——它們只能展現它而沒辦法揭露它。它們所使用的語言正如它們所說的，也是一種擔憂，——生物們介於植物一般的安穩和心靈的冒險這兩個領域之間的擾動不安。語言是大自然在靈的第一次臨到時的鉗口撟舌，那是在語言臣服於靈的世界歷險之前，而我們把那個世界歷險叫作「人類」。而這個鉗口撟舌所要訴說的，卻沒有任何言語可以重複它。

有時候，我會凝視一隻家貓的眼睛。馴化的動物從來沒有像人類以為的那樣領受到我們真正「會說話的」眼神的禮物，牠們只是學會以那樣的眼神回報我們這些殘忍的人（Untier）——卻也因而失去了牠們的自然本性。可是漸漸的，有一種混雜著驚訝和疑問的東西走進眼神裡，走進它的朝霞和日出裡，那是原本憂慮不安的眼神所沒有的東西。宛若領悟了我的眼神，這隻貓閃爍不定的眼神無疑是在問我說：「你指的是我嗎？你真的不只是要我為你表演雜技嗎？我與你有關係嗎？對你而言，我是存在的嗎？我存在嗎？來自於你的那個東西是什麼？在我周遭的那個東西是什麼？在我身上的是什麼東西？那是什麼？」（這裡的「我」是改寫自一個沒有「我」的自我指涉語詞，我們沒有這樣的語詞；而「那個東西」則是代表著人們以其整個真實的關係能力的眼波流轉。）動物的眼神，擔憂不安的語言，就這麼暾暾升起，——而沒多久就沉沒了。當然，我的眼神撐得更久，可是它再也不是脈脈流動的人類眼神了。

開啟關係事件的世界之軸的轉動一波接著一波，相續不斷。就在「它」的世界依舊盤旋在動物和我的四周的時候，「你」的世界在凝視的片刻之間從地底下放光，可是現在它又黯然回到「它」的世界。

我之所以提起不只一次遇到的這種短暫時刻，是為了這個難以察覺的靈有如太陽一般的升起和沉沒的語言。我從來沒有如此深刻地認識到在和所有存有者的關係當中的現實性（Aktualität）的倏忽生滅，對於我們的命運的憂心如焚，每個個別的「你」都註定要變成「它」。就算在短短的一天裡，事件也會有清晨和黃昏之分，可是在這裡，清晨和黃昏卻如此殘酷地犬牙交錯，溶溶燁燁的「你」顯現又消失：動物和我是否真的可以在那凝視的片刻裡卸下「它」的世界的重擔？我至少還可以回憶它，而動物卻只能從牠的眼神的囁囁嚅嚅再度沉陷到無語的、幾乎失憶的擔憂裡。

「它」的世界的連續性何其強大，而「你」的顯現又是何其柔弱！

物性（Dinglichkeit）的外殼根本無法打破！礦石塊啊，我在觀照你的時候才恍然明白，「我」並不是在「我自己裡面」——然而，我只在我心裡和你相交；它只是在我心裡發生，而不是在我與你之間。[39]可是若有個事物從眾多事物當中脫穎而出，一個活物，而且成為對我而言的存有者，接近我，對我說話，它註定要在指顧之間變成了對我而言的「你」！那必然衰退的，卻不是關係，而是關係的無中介性的現實性。愛本身沒辦法棲止在無中介的關係裡；它會持存下去，但是其代價是喪失了現實性和潛在性。世界裡的每個「你」本質上都被要求要變成對我們而言的一個事物，或者至少一再枯萎而變成事物性。

唯有在一個涵攝一切的關係裡，潛在性才會一直是個現實性。只有那個唯一的「你」本質上才會不斷地成為我們的「你」。的確，但凡人認識了神，他也就會明白神有多麼遙遠，以及憂懼的心乾涸的痛苦；但是他不會失去當下。只有我們才會不一定在場。

《新生命》（*Vita Nova*）[40]裡的戀人大抵上都正確地使用「她」（Ella）這個語詞，偶爾才會說「你」（Voi）。而「天堂」（Paradiso）的靈視者在說「那個人」（Colui）的時候，就有點不恰當了——因為詩體的限制——，而且他自己也知道。不管人以「他」或「它」稱呼神，那都只是譬喻的說法。可是如果我們對祂說「你」，我們就是以凡人的意義訴說著世界顛撲不破的真理。

五十三

世界裡的每個真實的關係都是獨一的；他者闖入關係裡，以報復它的被拒於門外。唯有在和神的關係裡，絕對的獨一性和絕對的包容性才是一體的，而整個宇宙也被涵攝在其中。

世界裡的每個真實的關係都是奠基於個體化（Individuation）之上，而它也樂意為之，因為唯有如此，不同的存有者才得以相互認識，而那也是關係的侷限性，因為那意味著沒辦法完全的認識和被認識。可是在滿全的關係裡，我的「你」涵蓋了我的自我卻不等於它；我的有限認識消融在無限的被認識當中。

世界裡的每個真實的關係都是在現實性和潛在性之間交替更迭，每個個別的「你」都一定會蛹化為「它」，為的是再度展翅飛舞。但是在純粹的關係裡，潛在性只是現實性短暫的喘一口氣，而「你」也以當下的形式駐足其中。永恆的「你」本質上就是個「你」；只有我們的本性才會迫使我們把「你」拉到「它」的世界以及「它」的言說裡。

五十四

「它」的世界在於時間和空間有個脈絡。

「你」的世界在時間或空間裡則沒有任何脈絡。它[41]只存在於眾多關係的延長線交會的中心點上：也就是在永恆的「你」那裡。

在純粹關係的巨大特權裡，「它」的世界的種種特權都被廢除了。憑著這個特權，「你」的世界才是連續的；關係裡的每個孤立環節手攜手變成了一個相交（Verbundenheit）的世界生活。憑著它，「你」世界才擁有賦形的力量：靈可以穿透「它」的世界並且改變它。憑著它，我們才不會蒙受世界的疏離以及「我」的喪失真實性，也不會遭受魅影的侵擾。歸回意味著重新認識那個中心點，再度回到那裡。在這個存有行動裡，人們沉埋很久的關係力量復活了，種種關係層次的潮浪澎湃洶湧，使我們的世界煥然一新。

或許不惟我們的世界如此。因為我們或許可以直覺到這個雙向運動：其一是轉身離開這個始基（Urgrund），據此宇宙萬物才得以在生滅流轉當中自我保存，其二則是朝著那個始基走去，據此宇宙萬物才得以在存有當中自我保存——這是雙重性的後設宇宙的原型（Urform），它寄居於世界整體而和不屬於這個世界的事物相對比，這個原型表現在人類身上的形式就是態度、基本詞和世界面向的雙重性。兩者都註定要在時間裡開展，正如因為恩寵而托庇於永恆的創世裡，不可思議的是，那個創世既是釋放也是保存，既是解放也是繫縛。面對源初奧祕的弔詭，我們關於雙重性的知識也跟著啞口無言了。

五十五

關係的世界建立在三個領域裡。

第一個領域是：和大自然共存的生命，在那裡，關係的世界仍然在語言的門檻之外流連徘徊。

第二個領域是：和人們共存的生命，在那裡，關係的世界已然具備了語言的形態。

第三個領域是：和屬靈存有者們共存的生命，在那裡，關係的世界是言語道斷的，但是它會創造語言。

在每個領域裡，在每個關係行動裡，透過每個臨現在我們面前的事物，我們看見了永恆的「你」的衣邊，感覺到祂來自每個領域的微風吹拂，在每個「你」裡面，我們和永恆的「你」攀談，在每個領域裡，以它們各自的方式。所有領域都被涵攝在祂裡頭，而祂則不在任何領域裡。

那唯一的臨現正在照澈所有領域。

可是我們有辦法使每個領域都喪失臨現。我們可以抽取出和自然相處的生活當中的「物理」世界，堅固性的世界；抽取出和人們相處的生活當中的「心理」世界，易感性（Affizierbarkeit）的世界；抽取出和屬靈存有者相處的生活裡的「知性」（noetisch）世界，有效性的世界。它們被剝奪了透明性，因而也失去了意義，任何事物都可以利用，而且也一直模糊不清，儘管我們賦予它們閃亮動人的名字——宇宙（Kosmos）、愛欲（Eros）、邏各斯（Logos）。事實上，只有整個世界變成一個家，而且有個可以獻祭的火壇，人才會有個宇宙；只有存有者變成了永恆者的形象，他和它們的共融變成了啟示，人才會有愛欲；只有他以對於靈的作工和服事而和奧祕交談，人才會有邏各斯。

形象欲言又止的沉默，人類思惹情牽的交談，生物溢於言表的無語：這一切都是通往語詞的當下的窄門。

但若真的有個滿全的相遇，那麼種種窄門就會合併為真實生命的唯一大門，而你再也不知道當初你是從哪一道門走進去的。

五十六

在這三個領域裡，有個領域是獨樹一幟的：那就是和人們共存的生命。在這裡的語言是相續不斷的，在言談和回答當中。唯有在這裡，以語言形式臨到的話語才會和它的回答相遇。唯有在這裡，基本詞才會以同樣的形式往返，在攀談和回應當中的基本詞才會以唯一的語調活躍著；「我」和「你」並不只是處於關係當中而已，——更是在侃侃諤諤的「對談」（Redlichkeit）裡。[42]在這裡，而且唯有這裡，關係的種種環節才會以語言的元素串連起來，它們都會沉浸在這個元素裡。在這裡和我相遇的會開花結果，變成完全真實的「你」。也唯有在這裡，觀照和被觀照，認知和被認知，愛和被愛，才會以不可或缺的真實性形式存在。

這是正門，而兩邊的側門都會通往它寬闊的門廳。

「如果一個男人和他的妻子琴瑟和諧，那對於永世的山嶺的渴望就會在他們四周飄蕩。」[43]

和人們的關係是和神的關係的真實譬喻：在其中，真實的攀談會得到真實的回答。只不過在神的回答裡，萬事萬物都以語言的形式自我開顯。

五十七

——可是孤寂不也是一扇窄門嗎？在悄然無聲的獨處裡，一個人會不會不期然地極目四望？和自己的祕密往來，會不會變成了和奧祕的往來？那不執著於任何存有者的人，不是才有資格臨到存有者面前嗎？「來吧，孤獨者，來面對孤獨者。」新神學家聖西面對他的神如是說。[44]

——孤獨有兩種，依據它離開什麼事物而定。如果說孤獨是指捨棄和事物的經驗性和使用性的往來：那麼它就是成就任何關係行動不可或缺的，而不只是至高的關係。可是如果孤獨是指任何關係的闕如：如果有任何存有者因為我們對他說「你」而離棄我們，那麼神就會收留我們，除非是我們離棄他們。[45]只有心存利用他們的貪欲的，才會對他們心生執著；唯有以臨現的力量生活的人，才有辦法和他們相交。而只有相交者才會對神開啟心扉。因為唯有他才有辦法憑著人的真實性和神的真實性相遇。

再者，孤獨有兩種，依據它轉向什麼事物而定。如果說，孤獨是潔淨的場域，正如相交者在走進至聖所之前必須做的[46]，正如他在試煉時不可或缺的，在不可避免的失敗和證明自己之間——那正是我們生來必須經歷的事。然而如果它是一座與世隔絕的城堡，人在裡頭和自己對話，不是為了在前方等待著他的事物而檢驗自己，戰勝自己，而只是對於他的心靈構造沾沾自喜：如此一來，靈（Geist）就真正墮落成靈性（Geistigkeit）了。如果自我欺騙的人妄想神就在他心裡並且和他說話，那麼他就會掉落到無底深淵裡。就算神真的擁抱我們，住在我們裡頭，我們也不會在我們心裡擁有祂。只有我們心裡不再說話，我們才能和祂交談。

五十八

有個現代哲學家認為，每個人都必然會信仰一個神或是「偶像」（Götzen），也就是任何有限的財富——他的民族、他的藝術、權力、知識、操奇計贏，「不斷地征服女人」——，有個財富在他眼裡變成了絕對價值，盤踞在他和神之間；我們只要證明這個財富的侷限性，因而「打破」偶像，脫軌的宗教行為就會轉向對它而言正當的對象身上。[47]

這個觀點預設了人和被他「偶像化」的有限事物的關聯性，正如同人和神的關聯性，只是對象有所不同而已；只要以正當的對象取代不當的對象，就可以拯救誤入歧途的人。可是一個人和僭居於其生命至高價值寶座而排擠掉永恆的那個「特殊某物」的關聯性，一直是以經驗和使用一個「它」、一個物、一個享用的對象為取向。因為只有這種關聯性才會以密不透風的「它」的世界遮住視線而讓人看不到神；而說「你」的關係則會一再地讓人得以極目遠望。若是人被那個他想要獲得、擁有且保存的偶像控制，沉迷於一種佔有欲，那麼除了歸回以外，不會有任何走向神的路，那不只是改變目的地而已，行走的方式也不一樣。我們只有喚醒沉迷的人，告訴怎麼和人相交，才能夠治癒他，而不只是把他的沉迷導向神而已。如果人一直陷溺在沉迷的狀態，那麼如果說他不再呼喚魔鬼或是對他假裝是魔鬼的東西的名字，而是呼喚神的名字，那是什麼意思呢？那其實意味著他是在瀆神。當一個人的偶像跌落神壇，而他又想把堆在瀆神的祭壇上的不潔供物獻給神，那就是瀆神。

　　當一個男人深愛一個女人，以致於她的生命完全臨現在他自己的生命裡：她的眼眸裡的「你」會讓他觀照到永恆的「你」的光芒。可是貪著於「不斷征服女人」的男人，——你們要讓他的貪婪痴痴盼望著永恆的魅影嗎？如果人要服事一個在莫測高深的命運裡熠熠生輝的民族，如果他要奉獻自己，那麼他指的就是神。可是如果他的民族是個偶像，他要所有人臣服於它，因為他可以憑著民族的形象自我吹捧，——那麼你們以為只要讓他對民族失去興趣，他就會認清真相嗎？而一個人把金錢看作有血有肉的「非存有者」（Un-Wesen）[48]，「彷彿它就是神」，那又是什麼意思呢？巧取豪奪和盈箱累篋的快感，以及當臨現者臨到時的歡悅，這兩者有任何共同之處嗎？守財奴可以對金錢說「你」嗎？[49]如果他沒辦法說

「你」，那麼他怎麼會喜歡神呢？他沒辦法事奉二主——就算一前一後也不行；他首先得學習**以不同的方式**事奉他們。[50]

任何人以替代物的方式歸信，他只是「擁有」一個魅影，而他把它叫作神。可是神，永恆的臨現，是沒辦法被擁有的。著魔的人以為他擁有了神，他就要有禍了！

五十九

人們把「信教的人」說成不必和世界以及存有者有任何關係，因為取決於外在世界的社會性層次已經被一個只在內心裡作用的力量超越了。[51]可是就「社會性」這個概念而言，有兩個基本的差別被混為一談：以關係構成的社群（Gemeinschaft），以及由沒有相互關係的個人單位構成的群眾，現代人越來越明顯的關係的闕如（Beziehungslosigkeit）。[52]人們走出「社會性」（Sozialität）的地牢，來到社群的耀眼奪目的大樓，而這其中的作用力，它和人神關係裡的作用力其實如出一轍。可是這個關係並不是眾多關係之一；它是全體的關係，所有河流都會匯流到它裡頭，卻不會因而乾涸枯竭。大海和河流，——誰要來劃分畛域呢？那只是從「我」到「你」的澎湃奔流，越來越無限，是真實生命橫無際涯的洪流。人沒辦法把他的生命劃分成和神的真實關係以及和世界的不真實的「我它」關聯性，——既真誠地向神禱告，而又利用世界。如果人把世界視為可以使用的東西，那麼他對神的認知也沒什麼兩樣。他的禱告是個免除債務的訴訟程序；這些禱告落入虛空的耳朵裡。他才是不信神的——而不是在夜裡的閣樓窗台熱切地呼喚著那不可名狀者的「無神論者」。

人們又說，「信教的人」是一個個人、孤獨的人、捨棄世界的人，他站在神的面前，因為他也超越了「有德行者」的層次，那些硜硜自守的人只會駐足在對於世界的義務和責任裡。他們當然一直擔負著行為者的行為責任，因為他完全是由實然（Sein）和應然（Seinsollen）之間的拉扯決定的[53]，而且以荒誕絕望的犧牲勇氣，一片一片地把他的心拋到永遠都填不起來的深淵裡。可是他們又說「信教的人」超越了那種拉扯而來到了神和世界之間的拉扯；那裡是有一個誡命支配的，它要人放下責任以及自我要求的煩擾，那裡沒有自己的意志，而只有聽天由命（das in die Fügung Gefügt-Sein），在那裡，所有應然都消融在無條件的實然裡，世界固然依舊存在，卻再也沒有什麼效力可言；人還是會在世界裡開物成務，然而就所有行為的虛無性而言，他再也沒有任何義務。而人們就此誤以為神創造了一個幻相世界，而祂所造的人只是在其間闇昧蹣跚地遊蕩著。也許來到祂面前的人真的飛掠擺脫了義務和責任——但是那不是因為他遠離了世界，而是因為他真正溷處於世界當中。人只有對外人才有義務和責任，而對於熟稔的人，人只有孺慕和愛憐。當人來到祂面前，世界會第一次以豐盈的臨現，憑著永恆光照完全臨到他，而他也可以用一句話就對著那萬有之有（die Wesenheit aller Wesen）說「你」。那裡再也沒有世界和神之間的拉扯，而只有一個真實性。他並沒有拋下責任：他只是以無限的責任的離心力交換了那有限的、追求效用的責任，那是對於整個世事滄桑變化基於愛的責任的力量，那是在神的面前極為深刻的入世性（Welteinbezogenheit）。的確，他已經永遠拋卻了倫理判斷：「惡人」只是那些要他多負一點責任的人，只是更渴望愛的人而已；但是他的本性深處會要他自己做決定，一直到他死去，心安理得地一再由自己去決定什麼才是正確的行為。那個行為並不是虛無的；它是有意圖的，是被託付的，是被需要的，它屬於創世之一；但是這個行為再也不會強加於世界，它作育萬物而恍惚宛若無為。

六十

永恆究竟是什麼：我們所謂的天啟在此時此地臨現的源初現象？那是一個人走出那至高的相遇，而和踏入那個相遇時的他判若兩人。相遇的那個片刻並不是一個在多愁善感的靈魂裡擾動而且幸福圓滿的「體驗」：它是發生在人身上的事件。有時候宛如氣息，有時候則宛如一場摔跤[54]，不管怎麼樣：它就是發生了。

走出純粹關係的存有行動的人，在他的存有裡更加富足，增生了他以前不知道的東西，也說不上來是打哪裡來的。儘管科學性的世界取向可以合理地追求天衣無縫的因果法則，而把任何新事物的起源都加以分門別類：可是我們關心的卻是對於真實事物的真實思考，因此任何潛意識的事物或是其他心理機制都派不上用場。真實的情況是我們領受到以前不曾擁有的事物，而在領受時我們也知道它被賜予了我們。用聖經的話說：「然而仰望上主的，必獲得新力量。」[55]用在其論述裡仍然忠於真實的尼采（Friedrich Nietzsche）的話說則是：「人們接受之，卻不問誰是給予者。」[56]

人領受它，但是他不是領受一個「內容」，而是一個臨現，作為力量的一個臨現。這個臨現和力量包含了三個東西，它們是不可分的，不過我們還是可以把它們想成三個個別的東西。首先是整個豐盈的真實相互性、被接受以及相交，卻說不上來所謂的相交是什麼樣的境況，人是怎麼相交的，而且相交也不會讓人的生活容易一點，——它會使生活更加沉重，卻充滿了意義。於此我們看到了第二個東西：那就是言語道斷的意義堅振。那是一種擔保。沒有任何東西，再也沒有任何東西是無意義的。關於生命的意義的問題也煙消雲散。就算問題仍然存在，也不必回答了。你不知道怎麼指出其意義，不知道怎麼定義它，關於意義，你不會有任何公式或形象，可是它卻比你的感官知覺更加確定。不管是開顯的或隱藏的意義，它對我們有什麼期盼，它想要我們做什麼？它不是要我們去詮釋它——反正我們也沒辦法——而只是要我們履踐它。接著就是第三個東西：那不是什麼「來生」的意義，而是我們此生的意義，那不是某個「彼岸」的意義，而是我們這個世界的意義，它要我們在這一生、在這個世界裡證明它。人可以領受意義，卻沒辦法經驗到它；人沒辦法經驗到它，卻可以履踐它；這就是它對我們的期盼。那個擔保不想被深鎖在我心裡，而想要透過我誕生在世界裡。可是正如意義不可以被轉義或表現為一個普遍有效且被普遍接受的知識，它的證明也不可以被翻譯成有效力的「應然」，它不是規定，不可以刻在石版上而豎立在每個人上方。每個人唯有以其存有的獨特性，以其生命的獨特性，才有辦法證明他領受到的意義。

正如沒有任何準則可以使我們走向相遇，也沒有任何準則讓人走出相遇。人只要接受臨現，他就可以走向相遇，或者是在另一個意義之下走出相遇。正如人只有把「你」掛在嘴邊就可以走入相遇，人也會因為把「你」掛在嘴邊而走出相遇，回到世界裡。

我們的前世和今生，我們生從何處來，死往何處去，這個奧祕依然如故。它對我們臨現，並且憑著它的臨現對我們表現為救恩，我們「認識」它，卻沒有任何關於它的知識，那只會損害奧祕或者使它無關痛癢。我們固然接近神，卻無從揭開存有的謎，揭開存有的面罩。我們感受到「解救」（Erlösung），卻感受不到「解答」（Lösung）。我們沒辦法以我們所領受的東西走向別人說：這就是你們應該明白的，這就是你們應該履踐的。我們只能走出去證明它。而這也不是我們的「應然」——而是我們可以這麼做，不得不這麼做。

這就是永恆的啟示，在此時此地臨現的啟示。我不知道也不相信任何在其源初現象裡的不同啟示。我不相信神對自己的定義，不相信神在人類面前的自我定義[57]，「啟示」這個語詞就是：我是自有永有者。[58]啟示者就是啟示者。存有者就只是存在著，如此而已。永恆的力量源泉在汩汩流動著，永恆的撫觸在殷殷期盼著，永恆的聲音在迴盪低吟著，如此而已。

六十一

永恆的「你」本質上是不可能變成「它」的；因為祂不能被置於尺度和界限當中，也不能被置於不可測度的尺度或是無界限的界限當中，因為祂本質上不可以被理解為種種屬性的總和，或者是種種被舉揚到超越性（Transzendenz）的屬性的無限總和[59]，因為我們不可能在世界裡面或世界外面遇見祂；因為我們沒辦法經驗到祂；因為我們沒辦法思考祂；因為當我們說「我相信祂存在」，我們就已經錯過了祂，錯過了那個存有者——就連「祂」也仍然是個隱喻，而「你」卻不是。

可是我們一再把永恆的「你」變成「它」，變成「某物」，把神變成事物——依據我們的本質。而不是出於恣意。作為物的神的歷史，作為物的神，一路上歷經了宗教及其臨界形式，歷經了宗教的光啟和虧食，以及它的生命興衰，那個悖離永生的神而又回到祂那裡的歷程，從臨現、注入形象（Eingestaltung）、對象化、概念化、瓦解到重生的種種變化，其實就只是一條道路，唯一的道路。[60]

宗教的命題知識以及定立行動——它們是從哪裡來的？啟示的臨現和力量（因為它們都奠基於某種啟示，不管是語言的、自然的或心理的，——嚴格說來，世上的宗教都是啟示宗教），人在啟示裡領受到的臨現和力量，它們究竟是怎麼變成「內容」的？

關於這點的解釋有兩個層面。如果我們抽離歷史而思考人類自身，就會認識到內在的、心理學的解釋；如果我們把人重新放到歷史裡，我們就會認識到外在的、事實性的解釋，也就是宗教的源初現象。這兩者是不可分的。[61]

人渴望擁有神；他渴望在時間和空間裡永不間斷地擁有神。言語道斷的意義堅振沒辦法讓他饜足，他想要宣揚它，讓人們可以一再地實踐和應用它，一個在時空裡沒有任何裂痕的連續體，在空間和時間裡的任何一個點都可以對他保證生命。

純粹關係的生命節奏，現實性和潛在性的交替更迭，在其中漸漸虧缺黯淡的，只有我們的關係力量以及臨現，而不是源初的當下（Urpräsenz），可是人對於連續性的渴望並不以此為滿足。他想要的是在時間上的延展，他想要的是永世長存。於是神成了信仰的對象。原本信仰只是用來填補種種關係行動在時間上的空隙；可是漸漸的，信仰取代了它們。人們棲止於他所信仰的一個「它」，再也沒有心志專一（Einsammlung）以及走出來（Ausgehen）的不斷重覆的存有行動。鬥士知道神既在遠方又在眼前，不管怎麼樣都要信任祂，可是這個信任漸漸變成了投機客對他的平安保證，因為他相信有個神會讓他平安無事。

純粹關係的生命結構，也就是在「你」面前的「我」的「孤獨」，以及以下的法則：就算人讓世界加入他的相遇，他只有作為一個位格，才能走向神並且和祂相遇——現在人對於連續性的渴望再也無法以此為滿足。他渴望空間上的擴展，渴望一個表述，讓信徒的團契和他們的神合一。於是神就成了儀式的對象。而儀式原本也只是用來補充關係行動的：它把有生命的禱告，直接的說「你」，嵌入了一個充滿巨大的形象力量的空間脈絡裡，而和感官生活銜接起來；現在它也成了替代品，團契的禱告不僅不再支持個人的禱告，甚至排擠它，而因為存有的行動原本就是不容許有任何規則，於是繁文縟節的禱告乾脆就取代了它。

可是事實上純粹的關係唯有體現在整個生活的質料當中，才有辦法建立時空的恆久性。人沒辦法保存它（bewahren），只能證明它（bewähren），履踐它，把它灌注到生命裡。人唯有依據其力量、其生活容許的範圍，在世界裡一再讓神實現，他才不會辜負他所分受的人神關係，而唯一真實的連續性保證就存在於其中。真正的持久性保證正是在於存有者變成了「你」、被舉揚成為「你」，因而實現了純粹的關係，在於神聖的基本詞，在所有存有者之間被說出來（austönen）；於是人類生活的時間開展出[62]豐盈的真實，而儘管人類的生活沒辦法也不應該克服

「它」的關聯，可是關係會和人類生活交織在一起，而在其中擁有一種光華四射的恆久性；至高相遇的片刻並不是暗夜裡的閃電，而是繁星熠熠的夜空裡冉冉升起的月亮。而空間的恆定性的真正保證則是在於每個人和他們真實的「你」的種種關係，宛如從圓周上每個「我」的點連接到圓心而構成的半徑，由此畫成了一個圓。最早存在的並不是圓周或團契，而是半徑，也就是他們和圓心的共同關係。唯有它才能擔保團契的真實存在。

唯有兩者都產生，只要兩者一直持存，也就是以關係為取向的救恩生活固定在時間裡，以及在同心一志的團契固定在空間裡，唯有它們兩者的產生及持存，才會在看不見的祭壇（以永世的世界質料構成的，而被鑲嵌在靈裡）四周產生且持存著一個「人性的宇宙」（ein menschlicher Kosmos）。

人之所以和神相遇，不是為了沉浸在神裡，而是要在世界裡證明意義。所有啟示都是呼召和差遣。可是人不想實現它，反而一再返回到啟示者那裡；[63]他不想和世界有什麼交涉，而只想沉浸在神裡。可是這麼一來，折返的人再也不會和任何「你」相遇。他只能把神當作一個「它」而置放在物性的領域裡，以為自己認識了作為「它」的神並且談論祂。正如貪著於自我（ichsüchtig）[64]的人不想直接體會任何知覺或喜好，而只想尋索那個在知覺和喜好當中的自我，因而錯過了事件的真相，貪著於神（gottsüchtig）的人（在同一個靈魂裡，對於自我和神的貪著剛好可以相安無事）也不想實現自己的天賦，而只想要尋索那個賜予他天賦的神，因而落個兩頭空。

當神在差遣你的時候，祂一直是對你臨現的；因著差遣而到處流浪的人，一直有神在他前方：他越是忠實地實踐，就越加堅定而恆久地接近祂；他當然不會和神有什麼交情，但是可以和神交談。相反的，人折返到神那裡，只會把神變成對象。折返表面上是轉向（Hinwendung）根源，其實是在厭離（Abwendung）世界，就像實踐其使命的人表面上是厭離世界，其實是轉向世界。

因為這兩個後設宇宙的世界基本運動：擴展到「自身的存有」（Eigensein）以及歸回到相交，這兩者都找到了它們極致的人類形象，它們的對抗和和解的真正屬靈形式，它們在人類和神的關聯的歷史裡的混合和分解。[65]在歸回時，語詞誕生在人間，在擴展時，它蛹化為宗教，在再度歸回時，它也會自己羽化重生。

這不是恣意的作為：儘管人有時候朝向「它」走得太遠了，因而對於再度走向「你」心生退卻，而有使得「你」窒息之虞。

作為宗教之基奠的巨大啟示，和任何地方和時代裡提出來的聖默啟示，它們本質上是相同的。在各種偉大的團契方興未艾之際、在人類時代的轉捩點顯現的任何巨大啟示，都是永恆的啟示。可是啟示並不是把它的領受者當作傳聲筒而透過它傾注到世界裡的，它臨到他，攫獲了他整個如是存有的元素，並且熔化了它。就連被當作「口舌」的人[66]，他也不是什麼傳聲筒，——不是工具，而是器官，是自律性的發聲器官，而發聲（lauten）的意思就是要變音（umlauten）。

可是各個歷史時期之間有個質的差異。到了某個成熟期，人類心靈裡被壓抑的、淹沒的真實元素，會在地底下待命，它們期盼催促，焦灼急切，殷望著撫觸者的撫觸，俾使它們破繭而出。那開顯的啟示捕捉到這個蓄勢待發的元素及其整個特性，再度熔化它，模塑一個形象，神在世界裡的一個新的形象。

然而在歷史的道路上，在人類元素的遞嬗更迭裡，一再有世界和心靈的場域被舉揚到形象裡，被呼召到神的形象裡。不斷有新的領域成為顯聖（Theophanie）的場所。在這裡作工的不是人的專斷，也不只是神的行徑，那是人和神的混合。那在啟示裡被差遣的人，他的眼裡也有了神的形象，——儘管那是超感官的，他卻以靈的眼睛領受它，那不是隱喻意義下的眼力，而是他的靈的實際視力。靈也會以觀照（Schauen）回答，以一個**建構形象**的觀照。儘管我們世人從來沒有觀照過沒有世界的神，而只是觀照過在神裡頭的世界，不過我們還是以永恆的方式建構了神的形象。

形象也是「你」和「它」的混合。在信仰和儀式裡，這個混合物會僵化成對象；可是依據在其中殘存的關係精髓，它又會一再變成臨現。神一直會貼近祂的種種形象，只要人不使那些形象脫離神。在真實的禱告裡，儀式和信仰會合一且潔淨，因而變成了永生的關係。在許多宗教裡都存活著真實的禱告，這其實見證了它們的真實生命；只要禱告在它們裡頭存活著，它們也就存活著。宗教的墮落意味著在它們裡頭的禱告的墮落：它們裡面的關係能力不斷地被對象性埋沒，在宗教裡越來越難以憑著完整而無分別的存有說「你」，為了重拾這個能力，人終究必須捨棄那虛妄的安全感而勇敢走向那無限者，捨棄那頭上只有神殿圓頂而看不到穹蒼的團契，走向終極的孤獨。人們把這個動機歸類到主觀主義（Subjektivismus），因而嚴重扭曲了它：在神面前的生命，是在唯一的真實性裡的生命，這個唯一的真實性也是唯一真實的「客觀物」（Objektivum），而走出來的人想要依止於那個真實的存有者，在假象的、虛妄的客觀物動搖他的真理之前。主觀主義是心理主義，而客觀主義則是神的對象化；客觀主義是錯誤的加固，而主觀主義則是錯誤的解放，兩者都偏離的真實性的道路，兩者都試圖找尋它的替代品。

神一直會貼近祂的種種形象，只要人不使那些形象脫離神。可是如果宗教的擴張舉動壓抑了歸回的舉動，而形象也脫離了神，那麼形象的面容就會漸漸褪去，它的嘴唇也會死去，它的雙手低垂，神再也不認識那個形象，而在祭壇四周搭建起來的世界屋宇，人性的宇宙，也就跟著坍塌了。在這同時，那動搖了其真理的人再也看不清楚發生了什麼事。

語詞已經敗壞。

語詞臨到啟示裡，在形象的生命裡作工，在死去的形象的轄地裡生效。

這就是永恆的語詞以及永恆臨現的語詞在歷史裡的軌道。

在臨到的語詞顯現的年代裡，「我」和世界的相交獲得重生；在作工的語詞支配的年代裡，「我」和世界一直維持和睦融洽，在語詞生效的年代裡，「我」和世界之間正在喪失真實性而漸漸疏離，災難就要臨頭，——直到人心生顫慄恐懼，在黑暗裡屏息凝神，默默不語地等候著。

可是這條軌道並不是什麼周期循環。它是一條道路。在另一個永世裡，災難會變得更加難以忍受，而歸回也會更具有爆炸性。而顯聖會越來越靠近，它越來越靠近存有者之間的領域，靠近那埋藏在我們的中間，在那個「居間」（Dazwischen）裡。歷史就是個神祕莫測的趨近歷程。它的道路的每個螺旋，都會引領我們走向更深的墮落，同時也會走向更澈底的歸回。然而所謂的事件（Ereignis），自其世界面向觀之，就叫作歸回，而自其神性面向觀之，則叫作救贖。

注釋

1 「瑜伽」（yoga，意譯作相應），德文作「Versenkung」，字面的意思是「沉沒」，布伯說他的意思是指「meditation」（dhyana，禪那、靜慮），但是下文引用了更多《奧義書》的說法，所以應該是泛指古代印度瑜祇（yogin）的瑜伽修行法門。瑜伽法門在古代印度派別林立，上溯至吠陀時期，西元前二世紀的巴丹闍梨（Patanjali）集大成而著《瑜伽經》，正式為瑜伽行訂定八支分法：制戒（yama）、內制（niyama）、坐法（asana）、調息（pranayama）、制感（pratyahara）、執持（Dharana）、靜慮（Dhyana）、三昧（Samadhi）。而佛教也沿襲了印度瑜伽修行傳統；印順導師《說一切有部為主的論書與論師之研究》謂：「瑜伽（yoga）是相應——契合的意思。寬泛的說，凡是止觀相應的，身心、心境或理智相應的，都可說是瑜伽。瑜伽——身心相應的修持法，名為瑜伽行。從修持以求實現特殊的宗教經驗者，名瑜伽師。所以瑜伽師，為定慧修持者的通稱。佛陀的時代，重於禪（dhyana）；『專精禪思』，是古代佛弟子的日常行持。但到『大毘婆沙論』時代，更早一些，瑜伽與瑜伽師，已成為佛教界習用的名詞。」

2

「恐怖的奧祕」（mysterium tremendum）是奧托（Rudolf Otto）在談論聖祕（das Numinose）時的第二個環節。「我們在那信仰的感覺衝動裡，觀察那最底層的、最深刻的東西，它不只是對上帝的信仰、信賴或愛，有時候它在我們心裡也會引起幾近瘋狂的感覺；我們透過在我們周遭的同理心（Einfühlen）、透過同情（Mitgefühl）和反芻（Nachgefühl），去探究這感覺，在信仰的強烈突顯和情緒的表現裡，在祭典和儀式的莊嚴心情裡，在宗教雕像、建築、廟宇和教會所營造的氛圍裡，我們只會發現一個感覺：那是恐怖的奧祕的感覺。這樣的感覺也可能在冥想的靜謐心境裡，溫柔地流過人的情感：它可以轉化為靈魂永恆涓流的心境，這心境來回波動，最後終趨平息，靈魂也就回到塵世裡。它也可能突然從靈魂裡迸裂出來，使人顫慄恐懼。它也可能使人產生莫名的悸動，因而心醉神迷，渾然忘我。它可能是很狂野且魅惑人的。它可能沉澱為幾近於著魔的驚悚震懾。在初始階段，它可能表現得既粗糙又野蠻。而它也會變得純淨清澈。它會是受造者寂靜謙卑的顫動和沉默，面對著——面對著誰呢？是那超越所有受造者的、言語道斷的奧祕。」而「完全的他者」（das ganz Andere）也是聖祕的另一個元素：「因此，『mysterium』本身只是自然領域的類比概念，無法真正窮盡所有的意義。但是宗教的『奧祕』，真正的『恢詭譎怪』，恰當地說，是『完全的他者』（das Ganze Andere, thateron, anyad, alienum, aliud valde），是陌生的、詫異的、超越平常熟悉理解的或『像家裡一樣的』事物，和日常經驗矛盾的事物，因此充滿著詫異的感覺。」（Rudolf Otto, *Das Heilige*, pp. 14-22, 28-35, München, 1979）

3 這個說法最早見於亞里斯多德：「因此若以理性為至善，理性就只能致想於神聖的自身，而思想就成為思想於思想的一種思想。」（Aristotle, *Metaphysics*, 1074b34-35）另見：斯賓諾莎，《倫理學》：「實體，我理解為在自身內並通過自身而被認識的東西。換言之，形成實體的概念，可以無須借助於他物的概念。」

4 詩萊瑪赫（Friedrich Schleiermacher）認為宗教源自「絕對的依賴感」（Gefühl absoluter (schlechthinniger) Abhängigkeit）。見：F. D. Schleiermacher, *Der christliche Glaube: Nach den Grundsätzen der evangelischen Kirche im Zusammenhange dargestellt*, Berlin, 1830, S. 14-20。奧托則是認為宗教源自「受造者的感覺」（Kreaturgefühl）：「在《創世記》18:27裡，當亞伯拉罕斗膽和上帝談起所多瑪人的命運時，他說：『我的主啊！我只是一個微不足道的凡人，求你容我大膽向你請求。』這是人們自承的『依賴感』，但是它遠超過所有自然的依賴感，在性質上也不一樣。我為這現象

找到另一個名字，稱它為『受造者的感覺』（Kreaturgefühl），也就是受造者在面對那超越一切的造物主時，感到自己如朝菌蟪蛄般的坎陷和虛無。」

5 中世紀哲學家庫薩努斯（Nicolaus Cusanus, 1401-1464）語。

6 《馬太福音》6:10：「願你的國降臨。願你的旨意行在地上，如同行在天上。」

7 指禱告和獻祭。

8 《詩篇》138-7：「我往哪裡去躲避你的靈，我往哪裡逃躲避你的面。」

9 指「梵我合一」的理論，例如「此我即彼梵也。」（大林間奧義書）；《百段梵書》說：「自存梵（brahma svayambhu）已行他怕斯（tapas）矣。而以為不能依他怕斯而得無窮，因而欲將我自身奉於萬有，將萬有奉於我自身。因以其身給與萬有，以萬有奉於自身，而梵得最上位，至超萬有而佔優先主宰之地位。」（《印度哲學思想史》，頁207）

10 奧義書時期哲學已經有一元論的說法：「此自我即是梵」（ayam atma brahma），「彼即是汝」（tat tvam asi）（《大林間奧義書》），後來商羯羅（Shankara, 788-820）據此開展了「不二一元論」（Advaita）。

11 《約翰福音》10:30。

12 刪提羅，古印度仙人，意譯為大金仙。語見：《唱贊奧義書》：「是涵括一切業，一切欲，一切香，一切味，涵括萬事萬物而無言，靜然以定者，是吾內心之性靈者，大梵是也。而吾身蛻之後，將歸於彼焉。」（《五十奧義書》，頁 132，徐梵澄譯，中國社會科學出版社，1984。）

13 《若望福音》1:14：「於是，聖言成了血肉，寄居在我們中間。」（和合本作：「道成了肉身，住在我們中間。」）

14 艾克哈特大師（Meister Eckhart, 1260-1328），中世紀日耳曼地區神祕主義神學家。語見：Meister Eckhart, Predigten, Traktate, Sprüche。關於艾克哈特大師的故事，另見：理察・大衛・普列希特，《認識世界：西洋哲學史卷一》（Richard David Precht, *Erkenne die Welt, Eine Geschichte der Philosophie I*），頁 460-465，劉恙冷譯，商周出版，2021。

15 引文中譯見：《唱贊奧義書》第六篇第八章，《五十奧義書》，頁 190。

16 《雜阿含經》第九經：「爾時，世尊告諸比丘：『色無常，無常即苦，苦即非我，非我者亦非我所。如是觀者，名真實正觀。如是受、想、行、識無常，無常即苦，苦即非我，非我者亦非我所。

如是觀者，名真實正觀。』」

17 另見：《夏娃福音》（*Gospel of Eve*, quoted by Epiphanius, *Hæres.*, xxvi.）：「我站在高山上，看到一個巨人和另一個人，一個侏儒；而我聽到彷彿打雷的聲音，便上前聽個清楚。祂對我說：『我就是你而你就是我，不管你在哪裡，我就在那裡，我（聖言作為種子或肢體）撒在萬物之中，無論何時，只要你願意，你就可以接近我，若你接近我，你就是接近自己。』」

18 《約伯記》33:12：「我要回答你說，你這話無理。因神比世人更大。」

19 帕拉切爾蘇斯（Paracelsus, Philippus Aureolus Theophrastus Bombastus von Hohenheim, 1493-1541），中世紀日耳曼地區煉金術士和醫師，著作等身。帕拉切爾蘇斯說：「有人被舉揚（verzuecht）到神那裡，他們並沒有死。他們的肉身已滅，但是他們不會意識到，沒有感覺，沒有任何疾病，沒有痛苦，他們的身體變形而無影無蹤，沒有人知道他們怎麼了，可是他們仍然在人間。但是他們的靈，在天上的身體，沒有肉身形式、樣貌或顏色，都被舉揚到天上，就像以諾和老以利亞一樣。」（引自：Franz Hartmann, *The Life and the Doctrines of Paracelsus*）

20 語見：Meister Eckhart, *Predigten, Traktate, Sprüche*。艾克哈特大師說：「在至高的一的不可思議

裡，萬事萬物失去了它們的自我，那是無分別的一，卻又是以他們的自我創造出來的某物。我這裡說的『一』是言語道斷的。『一』和『一』合而為『一』，那寸絲不掛的映照著寸絲不掛的。」（"Von der Ueberfreude"）

21 在基督教神祕主義裡，靈魂渴望與神合而為一，而有「神祕的結合」（unio mystica）、「聖婚」（hieros gamos）的觀念。另見：榮格《人的形象和神的形象》，頁262、310，林宏濤譯，2006。

22 引文中譯見：《唱贊奧義書》第八篇第十一章，《五十奧義書》，頁226。故事說，諸天和諸阿修羅聽到生主說法，自語：「吾輩且求彼『自我』矣。彼『自我』既得，則一切世界與欲望皆得焉。」於是諸天中的因陀羅和阿修羅中的毗盧遮那（Virocana）各持束薪去找生主求法，當了婆羅門的學徒，因陀羅當了一百零一年的學徒才證道。引文中的「摩伽婆」（Maghavan）是因陀羅的別名。

23 是指以「它不是……」的否定方式描述。

24 另見：洞山良价禪師（807-869）《辭北堂書》：「此身不向今生度，更向何時度此身。」

25 真實（Wirklichkeit）的詞幹就是作工（Wirken）。

26 指「智成神我」（vijnana purusa），也就是「認識之主體，如蜘蛛之出絲，火之散火花，而作諸世界、生類。」（《印度哲學宗教史》，頁253）。另見：《大林間奧義書》（《五十奧義書》，頁513-514）。

27 「為己」指的是自我意識的、反思的。

28 《大林間奧義書》：「此在生命諸息中智識所成之神我，內心之光明也。平等致一，彼游於兩界中，如有思焉，如有行焉，而既化為睡眠矣，則超此世界及死亡之形。誠然！此神我既生而得有身矣，則與罪惡俱並。死而出離矣，則蛻除其罪惡。」（《五十奧義書》，頁569-571）

29 見：《增一阿含經》卷第三十四：「世尊告曰：『善哉！比丘！汝等出家正應法論，亦復不捨賢聖默然。所以然者。若比丘集聚一處，當施行二事。云何為二？一者當共法論，二者當賢聖默然。汝等論此二事，終獲安隱，不失時宜。汝等向者，作何等如法之義？』」《法華玄義》：「六、起聖說、聖默者。《思益》云：『佛告諸比丘：汝等當行二事，若聖說法、若聖默然。』聖說如上辨。聖默然者，夫四種四諦並是三乘聖人所證之法，非下凡所知，故不可說；假令說之，如為盲人設燭，何益無目者乎！故不可說，名聖默然。」

30 是六十二見之一，就是主張心靈和身體是同一的，或者是主張心靈和身體是不同的。語見：《雜阿含經》第二九七經：「緣生老死者，若有問言：『彼誰老死？老死屬誰？』彼則答言：『我即老死，今老死屬我，老死是我。』所言：『命即是身。』或言：『命異身異。』此則一義，而說有種種。若見言：『命即是身。』彼梵行者所無有。若復見言：『命異身異。』梵行者所無有。於此二邊，心所不隨，正向中道。賢聖出世，如實不顛倒正見，謂緣生老死。如是生、有、取、愛、受、觸、六入處、名色、識、行，緣無明故有行。「若復問言：『誰是行？行屬誰？』彼則答言：『行則是我，行是我所。』彼如是：『命即是身。』或言：『命異身異。』彼見命即是身者，梵行者無有；或言命異身異者，梵行者亦無有。離此二邊，正向中道。賢聖出世，如實不顛倒正見所知，所謂緣無明行。」

31 《大寶積經》卷第一百一：「佛言：『於何有中說有性空？』（文殊菩薩）曰：『於文字語言中說有性空。有性空故，有貪瞋癡。如佛所說，諸比丘有無生、無為、無作、無起。若無生、無為、無作、無起不有者，亦不可說有生、有為、有作、有起。是故比丘以有無生及無所起，由此得說有生有起。如是世尊！若無性空無相無願，則不可說貪瞋癡等一切諸見。』」

32 「我生已盡，梵行已立，所作已辦，不受後有。」

33 「見」是「知見」的意思。《中部．一切漏經》：「此謂世間之謬見、見之叢林、見之難路、見之混濁、見之悶鬥、見之結縛。諸比丘！被見結之所縛，而無聞凡夫、不得從生、老、死、愁、悲、苦、憂、惱而解脫。」

34 見：《中阿含經》卷第九：「彼心與慈俱，遍滿一方成就遊。如是，二三四方，四維上下，普周一切，心與慈俱，無結無怨，無恚無諍，極廣甚大，無量善修，遍滿一切世間成就遊。如是，悲、喜心與捨俱，無結無怨，無恚無諍，極廣甚大，無量善修。」另見：《經集》：「恰似母有獨生子，甘為守護捨身命，修習無量大慈意，一切生類如斯對。善待世間諸眾生，無量慈意應習生，上下縱橫無障礙，既無怨恨亦無敵。」

35 賢劫（bhadrakalpa），也叫現在劫，由於有千佛住世，所以叫賢劫。在釋迦牟尼佛之後下一個住世的是彌勒佛。彌勒菩薩（Maitreya），意譯作慈氏。「據傳菩薩欲成就諸眾多，於初發心時即不食肉，以此因緣而名為慈氏。謂慈氏菩薩以佛四無量中以慈為首，此慈從如來種姓中生，能令一切世間不斷佛種，故稱為慈氏。」（《佛光大辭典》）

36 赤馬天子想問佛陀一個神足通的問題，「世尊，頗有能行過世界邊，至不生、不老、不死處不？」。佛陀告訴他說，他關心的是如何以此一身探究世界的集苦滅道，如此才是「到達世間邊，度世間愛」。「佛告赤馬：『我今但以一尋之身，說於世界、世界集、世界滅、世界滅道跡。……赤馬！了知世間苦，斷世間苦；了知世間集，斷世間集；了知世間滅，證世間滅；了知世間滅道跡，修彼滅道跡。赤馬！若比丘於世間苦若知、若斷，世間集若知、若斷，世間滅若知、若證，世間滅道跡若知、若修。赤馬！是名得世界邊，度世間愛。』」（《雜阿含經》第一三〇七經。）另見：《相應部》〈赤馬經〉：「友！我說示：於此一尋之有想有意之身體上、到達世界與世界之果、世界之滅與世界之滅道。」布伯明顯曲解了經文原意。

37 作者所說的「Antinomik」應該是指「二律背反」（Antinomie）或譯為「正反論題」。「正反論題是已證明的若干命題之間的表面矛盾，或表面上似已證明的若干命題之間的真實矛盾。」至於「Antinomik」，則是二律背反學，或譯為正反學，旨在研究這些必然的矛盾及其原因。

38 見：Immanuel Kant, *Kritik der praktischen Vernunft*, S. 206-207。

39「礦石」指的是雲母（Glimmer, mica）。見：Martin Buber, *Daniel, Gespräche von der Verwirkli-*

chung, 1913。「有個陰天早晨，我走在大街上，看到地上有一塊礦石，我把它撿起來端詳了許久。那一天就不再陰暗：那石頭捕捉了這麼多光線，突然間，當我轉過頭的時候，這才注意到：我在凝視的時候，根本不知道什麼主體和客體；我在凝視的時候，礦石和我是一體的；我在凝視的時候嚐到了一體性。於是我又回頭端詳它，可是那個一體性已經一去不返了。」

40 但丁（Dante Alighieri）的情詩集《新生》（*La Vita Nuova, Vita Nova*, 1294），談到他對情人碧翠絲的愛，「戀人」指但丁自己。

41 指「你」的世界。

42 「Redlichkeit」（誠實、正直）的詞幹「red-」是「說話」（reden, Rede）的意思〉，這裡應該理解為雙關語「交談」，就作者暗示的誠實和交談的關聯性而言，這個詞也可以引申為「誠實語」。

43 語出《光明之書》（*Zohar* I, 50b）：「當男人娶了妻子，永世的山嶺的渴望就臨到了他。於是他擁有了兩個女性，其一是在天上的（Shekhinah），另一個是在地上的，在天上的會賜福給她，而在地上的則要他扶養（受孕）。」（見：Martin Buber, *Ich und Du*, Heidelberg, 1983/2021, S. 154, Amn.）「永世的山嶺」出自《創世記》49:26：「你父親所祝的福，勝過我祖先所祝的福，如永世的山嶺，至極的邊界。這些福必降在約瑟的頭上，臨到那與弟兄迥別之人的頂上。」

44 新神學家聖西面（Symeon the New Theologian, 949-1022），東正教修士和神祕主義詩人。語出：*Symeon, Liebesgesänge an Gott*。

45 《詩篇》27:10：「我父母離棄我，耶和華必收留我。」

46 《利未記》12:4：「婦人在產血不潔之中，要家居三十三天；他潔淨的日子未滿，不可摸聖物，也不可進入聖所。」《民數記》19:20：「但那污穢而不潔淨自己的，要將他從會中剪除，因為他玷污了耶和華的聖所。除污穢的水沒有灑在他身上，他是不潔淨的。」《歷代志下》29:5：「對他們說：『利未人哪，當聽我說，現在你們要潔淨自己，又潔淨耶和華你們列祖神的殿，從聖所中除去污穢之物。』」

47 依據考夫曼的注釋，此處是指謝勒（Max Scheler, 1874-1928）的說法，語見：Max Scheler, *Vom Ewigen im Menschen*, Leipzig, 1921, S. 559-562：「由於宗教行為是人類心靈必然本質的嫁奩，所以人會不會有這樣的行為，那是毋庸置疑的。問題只在於他是否找到正當的對象，和他的本質對應的理想關聯物，或者他把一個牴觸他的本質的對象當作神聖的東西，絕對的價值，因為它屬於有限的、偶然的事物領域。有個本質性的法則：每個有限的心靈不是會信仰一個神，就是會信仰一個偶像……」

48 「Unwesen」原本是「混亂、胡作非為」的意思。

49 原文作「Mammonsknecht」，直譯為「瑪門的奴隸」，「瑪門」在敘利亞語是「財富」的意思，到了新約聖經用來指人的貪婪，更人格化為財富和貪婪的假神。《馬太福音》6:19-21：「不要為自己積攢財寶在地上；地上有蟲子咬，能銹壞，也有賊挖窟窿來偷。只要積攢財寶在天上；天上沒有蟲子咬，不能銹壞，也沒有賊挖窟窿來偷。因為你的財寶在哪裡，你的心也在那裡。」

50 見：《馬太福音》6:24：「一個人不能事奉兩個主；不是惡這個，愛那個，就是重這個，輕那個。你們不能又事奉神，又事奉瑪門（瑪門：財利的意思）。」

51 另見：Friedrich Schleiermacher, *Über die Religion*, Göttingen, 1899/1991, S. 60-61：「所有真正的行為都應該且可以是道德的，可是宗教情感應該像聖樂一樣伴隨著人的所有行為；他的所有行為應該都和宗教有關，但不是出於宗教。如果你們不明白所有行為都應該是道德的，那麼我更要說，它對於其他一切也都有效。人的行為舉止要從容不迫，不管他做什麼，都要經過省思。你去問問有德行的人，政治人物，藝術家，他們都會說那是他們的第一準則；可是如果人以激烈而震懾人的宗教情感去做事，就會失去鎮靜和省思。而且這麼做也是違反本性的；宗教情感本質上會癱瘓人的行動力，使他陷入靜默而忘我的喜悅裡，信仰最虔誠的人，他不會有宗教以外的其他行為動機，他會捨離世界，沉醉在枯坐冥想裡。」

52 指德國社會學家滕尼斯（Ferdinand Tönnies, 1855-1936）的「社群」（Gemeinschaft）和「社會」（Gesellschaft）的區分。

53 實然和應然的區分，是由蘇格蘭哲學家休謨（David Hume, 1711-1776）提出來的。見：休謨《人性論》（*A Treatise of Human Nature*, 1739-1740），頁505-506，關文運譯，商務印書館，2016：「在我所遇到的每一個道德學體系中，我一向注意到，作者在一個時期中是照平常的推理方式進行的，確定了上帝的存在，或是對人事作了一番議論；可是突然之間，我卻大吃一驚地發現，我所遇到的不再是命題中通常的『是』與『不是』等連繫詞，而是沒有一個命題不是由一個『應該』或一個『不應該』聯繫起來的。這個變化雖是不知不覺的，卻是有極其重大的關係的。因為這個應該或不應該既然表示一種新的關係或肯定，所以就必須加以論述和說明，同時對於這種似乎完全不可思議的事情，即這個新關係如何能由完全不同的另外一些關係推出來的，也應當舉出理由加以說明。」

54 見：《創世記》2:7：「神用地上的塵土造人，將生氣吹在他鼻孔裡，他就成了有靈的活人，名叫亞當。」32:25-28：「有一個人來和他摔跤，直到黎明。那人見自己勝不過他，就將他的大腿窩摸了一把，雅各的大腿窩，正在摔跤的時候就扭了。那人說：『天黎明了，容我去罷。』雅各說：『你不給我祝福，我就不容你。』那人說：『你名叫什麼？』他說：『我名叫雅各。』那人說：『你的名不要再叫雅各，要叫以色列，因為你與神與人較力，都得了勝。』」

55 《以賽亞書》40:31：「然而仰望上主的，必獲得新力量，必能振翼高飛有如兀鷹，疾馳而不困乏，奔走而不疲倦。」（中譯引自思高本。）

56 見：尼采《瞧，這個人》，頁150，孫周興譯，遠足文化，2018：「十九世紀末，有誰對強大時代的詩人們所謂『靈感』有一個清晰的概念呢？……『啟示』的概念，如若意思是指某物以無以言表的可靠和精緻突然變成可見的、可聞的了，是指某物讓人深深地震驚和折服，那麼，這個概念所描寫的就是實情了。人們聞其聲，卻並不尋求之；人們接受之，卻不問誰是給予者。」

57 《出埃及記》3:13-14：「摩西對神說：『我到以色列人那裡，對他們說「你們祖宗的神打發我到你們這裡來」，他們若問我說「他叫甚麼名字」，我要對他們說甚麼呢？』神對摩西說：『我是自有永有的。』又說：『你要對以色列人這樣說：「那自有的打發我到你們這裡來。」』」

58 原文作：「ich bin da als der ich da bin」（我在這裡，就是那個在這裡的我）。

59 指存有的超越屬性，直接屬於存有本身的必然屬性。聖多瑪斯提出存有的超越屬性有一、真、善。晚近多瑪斯主義則又加上美和聖。

60 關於哲學史上神的概念的演變以及當代思想裡的神的概念，見：Martin Buber, *Gottesfinsternis: Betrachtungen zur Beziehung zwischen Religion und Philosophie*, 1953。

61 依據原文應譯為：「就會認識到外在的（äußere）、心理學的解釋；如果我們把人重新放到歷史裡，我們就會認識到內在的（innere）、事實性的解釋，也就是宗教的源初現象。」但是就上下文而言顯然語意不通，「外在」和「內在」應該倒過來才對。見：Martin Buber, *Ich und Du*, 1983, S. 157, Amn.。

62 原文作「sich aufbilden」，沒有這個詞，應為「sich ausbilden」（產生、發展）之誤。見：Martin

Buber, *Ich und Du*, 1983, S. 158, Amn.。

63 這裡影射「宗教」的拉丁文「religio」的其中一個含意。「『宗教』的拉丁文『religio』有若干可能意義：它可能是『religere』（忠誠的事奉和歸屬），或是『religare』（與自身的源泉或終點相連），而因為人可能遠離他的故鄉，所以它也可能是『reeligere』（重新選擇去活在這源泉或終點裡）。」（引自：齊克果《愛在流行》，頁4，林宏濤譯，商周出版，2000）「religio」另外還有個意思，就是「relinquere」，厭離世界的某個面向以臣服於神的意旨。

64 「ichsüchtig」原本是自私自利、自大狂的意思。為了和「gottsüchtig」呼應而譯為「貪著於自我」。

65 影射古希臘哲學家恩培多克勒（Empedocles）的說法：「我要說出一個雙重的道理。在一個時候，一從多中聚集而長成一個個別的存在，在另一個時候，它又分解了。」（引文中譯見：《古希臘羅馬哲學資料選輯》，頁82，仰哲，1981）

66 《耶利米書》15:19：「耶和華如此說：『你若歸回，我就將你再帶來，使你站在我面前；你若將寶貴的和下賤的分別出來，你就可以當作我的口。他們必歸向你，你卻不可歸向他們。』」

後記

一

我在提出這本書的第一次寫作大綱時（已經是四十多年前的事了），內心裡感到一股不得不然的衝動。我多年來尋尋覓覓卻一再墮入五里霧中的一個觀點，如今豁然開朗，而且它顯然超越了個人的層次，我當下就意識到應該為它做見證。我搜索枯腸，創意造言，總算可以下筆寫成定稿[1]，而在一陣子之後，儘管有若干拾遺補闕的必要，但是我覺得應該在它自己的地方，以它獨立的形式為之。於是便有若干短篇作品的出現[2]，有的是以種種例子解說該觀點，有的則是用以回應種種反對的意見，也有的是在批評若干觀點，它們固然使我神鶩心得，卻都忽略了人神關係和人際關係之間的密切關聯性，而那正是我的終極關懷所在。其後也增補了更多的提點，不管是在人類學的基礎上[3]，或是基於社會學的推論[4]。可是到頭來還是覺得沒能夠說箇明白。讀者們一再寫信問我這個是什麼意思，那個所指為何。多年來我一直是個別回覆他們，可是漸漸感覺到紛至沓來的要求讓我疲於應付，更何況我想不應該只是和那些有話要說的讀者建立對話的聯繫——也許有些沉默的人也是我必須特別考慮到的。於是我決定公開回答若干環環相扣的基本問題。

二

第一個問題大抵上可以明確地說是：誠如書裡所說的，如果我們不只是和其他人，也可以和我們在大自然裡遇見的生物以及事物駐足於「我」和「你」的關係，那麼這兩種關係究竟有什麼分別？或者更確切地說：如果「我」和「你」的關係是以事實上涵括了「我」和「你」兩者的交互性（Wechselseitigkeit）為條件的，那麼我們要如何把人和大自然事物的關係理解為這種關係呢？更恰當地說：如果大自然裡的生物和事物，作為我們的「你」而和我們相遇，而提供我們一種相互性（Gegenseitigkeit），那麼這種相互性究竟具有什麼樣的性格，而我們有什麼正當性可以應用這個基本概念呢？這個問題顯然沒有一個放諸四海皆準的答案；我們在這裡不應該像一般人那樣把大自然視為一個整體，而要個別思考它的不同區域。以前的人會「馴服」動物，現在還是有辦法做這種奇怪的事。他把動物拖到他自己的環境裡，要牠們澈頭澈尾接受他這個陌生人並且「服從他」。對於他的靠近和攀談，他往往會從牠們那裡得到出乎意料的積極回應，而他的關係越是在真正地說「你」，牠們的回應一般而言也會越加強烈而直接。動物和孩子一樣，也不時看得出來人虛情假意的溫柔對待。可是出了這個馴養區，人和動物之間有時候也會有類似的接觸：有些人打從心底就把動物當作他們的潛在夥伴，——他們大多不是什麼「獸性的人」，而是天生屬靈的人。

動物不像人類那樣是雙重的：牠們不知道什麼「我你」和「我它」的基本詞的雙重性，儘管牠們也會面對其他生物並且把牠們當作對象。我們或許會說牠們的雙重性是潛在的。因此，就我們走向生物對牠們說「你」而言，我們可以把這個領域叫作相互性（Mutualität）的門檻（Schwelle）。

至於在某些大自然的領域裡，我們欠缺和動物相同的自發性（Spontaneität），那麼情況就大不相同。在我們對於植物的部分概念裡，它對我們的行為是不會有什麼反應的，也就是說，它沒辦法「回答」。然而這並不意味著我們在這個領域裡完全不會獲得任何相互性。這裡固然不會有什麼個別存有者的行為或態度，卻有一個存有本身的相互性，——單單只是存在著的一個相互性。樹木的那個有生命的完整性和整體性，再怎麼明察秋毫的探究的眼睛都看不到，只有說「你」的眼睛才有辦法領悟，唯有那個說「你」的人臨在，它才會臨在，他讓樹木有機會開顯它自己，而現在這棵存在著的樹木也開顯了那個完整性和整體性。我們的思考習慣使我們看不到那被我們的態度喚醒的、自存有者那裡朝著我們照射過來的東西。在這個領域裡，重要的是落落大方地享受那對我們開放的真實性。我想要把這個從地上石頭延伸到天上繁星的開闊領域叫作門前台階（Vorschwelle）領域。

三

可是根據以下的領域，我們遇到了一個問題，用同樣的形象語言來說，可以把它叫作門楣（Überschwelle, superliminare）的領域[5]：那是靈的領域。

這裡也必須區分兩個不同的區域：而其區別比大自然裡的差異更加涇渭分明。其一是已經進入世界的靈，我們可以透過感官的中介而知覺到世界裡的靈；其二則是還沒有進入世界的靈，可是它蓄勢待發，準備要進入世界而對我們臨現。這個區分是基於以下的事實：我可以為你們，我的讀者，指出已經進入世界的靈的形象，卻沒辦法指出另一個靈的形象。那些和事物以及自然生物一樣在我們共同的世界裡「在場的」（vorhanden sind）的靈，我們可以告訴你們，那是你們在現實或潛態裡得以一窺堂奧的東西，——但是那些還沒有走進世界的靈的形象，我就沒辦法這麼說了。如果有人問我，在這個邊緣地帶，到哪裡找得到相互性，我只能間接地指出人生裡若干難以訴說的事件，靈作為相遇而臨到他們，而如果這種間接的說法不夠充分，那麼我只好以我的讀者你們自己埋沒在斷垣殘壁裡卻又看得見摸得著的奧祕當作見證。

現在我們回頭看看那第一個地區，也就是「在場的」靈。在此我們可以舉個例子說明一下。

問問題的人們不妨回想一下幾千年前的人師流傳很久的名言，盡可能試著用耳朵傾聽它，領受它，宛若他就在現場對著他們說話。為此，他們必須全心全意地面對著那個在現場的話語的不在現場的說話者，也就是說，他們必須面對那個既死去卻又活著的人，對他採取一個態度，我把這個態度叫作說「你」。如果他們做到了（意志和努力或許不足以為之，但是有時候他們還是做得到），他們就會聽到一個聲音，或許不是很清楚，卻還是和那位大師以其他真實話語對他們說話的聲音一模一樣。現在他們再也不能像以前把那句話當作對象那樣：他們沒辦法抽離出其中的內容和節奏；他們只會領受到那言說性（Gesprochenheit）不可分割的整體。

然而這仍舊是關乎一個位格，關乎位格在其話語裡的宣告。可是我所說的並不局限於一個位格存有者在話語裡的生命延續。為此我必須再舉一個和位格無關的例子加以補充。一如往常，我選了一個至少某些人記憶深刻的例子。那就是處處可見的多立安式列柱。我第一次遇見它，是在敘拉古（Syracus）的教堂內牆：神祕的原始尺寸以如此樸素的形式呈現，使人忽視其中細節，也無從欣賞。而我也只做了我所能做的：把握且回味和這個屬靈形象，這個穿透了人類感官和雙手而成了血肉的相遇。相互性的概念在這裡消失了嗎？它只是隱沒到暗處而已——或者是蛻變成一個具體的事態，它悍然拒絕了概念性，卻又廓然分明且確鑿不移。

我們也可以據此轉頭看看其他的領域，那些「不在場的事物」的領域，和「屬靈存有者」接觸的領域，語詞和形式誕生的領域，

成為語詞的靈，成為形象的靈，——只要被靈觸摸到而且沒有把它拒於門外的人，他們多少都會知道一個根本的事實：如果沒有播種，不管是語詞或形象都

不會在人類世界裡抽芽或生長，而是在和他者的相遇當中產生的。那不是和柏拉圖的理型相遇（我既沒有直接認識它，也沒辦法把它理解為存有者），而是和靈的相遇，它在我們四周吹拂並且吹進我們裡頭。我又想到尼采的奇怪自白，他改寫了靈感的歷程說，人們接受之，卻不問誰是給予者。也許真相是——人們不會問，但是會感謝。

那些認識到靈的氣息的人，如果想要把它據為己有或是想要查探它的性質，那就是犯了罪。可是如果他們以為這原本就是他們自己的天賦，那就是不忠實了。

四

關於和大自然的事物以及和屬靈事物的相遇，我們還要思考一件事。

這時候有人或許會問，在擁有自發性以及意識的存有者位階的領域之外，我們所謂的「回答」或「攀談」是否同義於我們所居住的人類世界裡的「回答」或

「攀談」？這裡所說的，是否擁有除了「位格化」的隱喻以外的有效性？這裡不會產生一個有問題的「神祕主義」的疑慮？它會模糊了以（而且必須以）理性知識劃定的界限？

「我你」關係的清楚而固定的結構，每個人對它都很熟悉，而且可以以坦然的心和勇氣投入它，那並不是什麼神祕的東西。有時候我們必須跳脫我們的思考習慣才能理解它，卻不必拋棄那個定義了人們對於真實性的思考的源初規範。正如大自然的領域，在靈的領域裡——在言語和作工裡永存的靈，以及想要變成言語和作工的靈——，我們也可以把在我們身上的作工理解為一個存有者的作工。

五

下一個問題則不再和相互性的門檻、門前台階以及門楣有關，而是關於相互性本身，它是我們的存在的入口大門。

人們會問：人與人之間的「我你」關係究竟是什麼樣子？它一直是完全的相互性嗎？它可以一直都是如此嗎？就像人間世一樣，它難道不會由於我們的種種缺憾而處處受限，或者也會受限於我們的共同生活的內在法則？

第一個障礙應該是大家都很熟悉的。人世間的大小事，從你日復一日都必須面對那些明明有求於你、卻以冷漠眼神遠遠望著你的「鄰人」，到聖人們一再奉獻世人珍貴的禮物卻沒有人領情，——這一切都在對你說，完全的相互性並不是人類的共同生活的內在性質。那是一種恩寵，人必須隨時準備好領受它，卻不能心存指望。

然而，有若干「我你」關係本質上是沒辦法開展完全的相互性的，如果它要一直維持這種性質的話。我在他處談過[6]，真正的教育者和他的學生就是這類的關係。為了幫助實現學生本質裡的最佳潛能，老師必須把學生視為擁有潛能和現實的那個特定的人，更確切地說，老師不可以把學生視為種種性質、抱負和壓抑的總和，老師必須就整體而言去認識學生，並且就他的這個整體去肯定他。然而老師唯有作為雙向情境裡的夥伴而和學生相遇，才有辦法這麼做。為了使他的教育陶冶一致而有意義，他不能只是以自己的角度去體會這個情境的種種環節，也要考慮到對方的立場。他必須練習某種方式的領悟（Realization），我把它叫作擁抱（Umfassung）。儘管重點在於老師必須也在學生心裡喚醒「我你」關係，而學生也要把老師視為那個特定的人並且肯定他，可是如果學生也使用擁抱的方法，設身處地地體會教育者在共同情境下的立場，那麼這個特別的教育關係就可能不再存在。不管「我你」關係現在是不是走到盡頭了，或者是變成性質大異其趣的友誼，有一點是確定的，那就是特別的教育關係不會有什麼完全的相互性。

關於相互性的規範性限制，一個真正的心理師和他的個案之間的關係，也是個發人深省的例證。如果心理師只是想要「分析」他的個案，也就是從他的小宇宙裡挖出無意識的因素，並且把因為這些因素浮現而轉變的能量應用在意識層次的人生課題上，他或許得以對個案修修補補。他充其量可以幫助一個散亂而沒有什麼結構的心靈或多或少集中並且整理心思。可是他的真正任務，也就是萎縮的人格核心的再生，他卻沒辦法完成。人們唯有以醫師的宏觀眼睛去掌握受苦的心靈埋藏而潛伏的整體性，才可以成就這個任務，而且必須是以人對人的夥伴態度，而不是對於一個客體的觀察和研究。為了讓人和世界重新和諧相處而解放且實現那個整體性，他必須像教育者一樣，不只是考慮到他在雙向關係中的立場，更要以想像力站在對方的立場，而感受到他的行為的效果。可是如果個案也使用擁抱的方法，也從心理師的角度去體會整個事件，那麼「治療」的關係就會瞬間瓦解。就像教育一樣，人唯有既生活在相遇當中而又抽離出來，才有辦法進行治療。

關於相互性的規範性限制，以牧師的例子來解釋，或許最讓人印象深刻。來自對方的擁抱恐怕會損及聖職的權威。

如果「我你」關係的定義是一個人想要影響另一個人以成就某個目的，那麼這種關係所依賴的相互性就永遠不會是完全的。

六

在這個情況下，我們只剩下一個問題可以討論，也必須討論，因為它無比重要。

有人會問，關係裡的永恆的「你」怎麼會既是獨一的而又是包容的？人和神的「你」的關係要人無條件地而不可偏離地走向祂，它怎麼會涵攝這個人的所有其他「我你」關係，又把這些關係導向神呢？

要注意的是，人們問的不是神，而是神和一個人的關係。而如果我要回答這個問題，就必須談到神。我們和神的關係本質上是超越對立的，因為祂本質上就是超越對立的。

我要談的當然就是神在祂和人的關係裡是什麼？而我只能弔詭地表述它，更確切地說：以一個概念的弔詭用法；或者再確切地說：那就是把一個名詞概念和一個牴觸了該概念的一般性內容的形容詞連結在一起。如果真的要堅持這個矛盾，就必須向一個看法讓步，那就是唯有以這個概念才可以證成對於該對象不可避免的稱呼。這個概念的內容經歷了一個天翻地覆的、改弦易轍的擴充，——但是基於信仰的現實，我們不得不把每個概念抽掉內在性（Immanenz），而應用在超越性（Transzendenz）的作用上。

如果人們和我一樣，都不想把神當作一個原理（艾克哈特大師有時候把祂和「存有」劃上等號），也不想把神當作一個理型（柏拉圖之類的哲學家有時候會有這種態度），而會像我一樣，不管祂是什麼，都還是認為「神」以創世、啟示和救贖的行動，進入和我們人類的直接關係裡。

我們的存在的這個基礎和意義，每次都會構成那種只存在於位格之間的相互性。位格性的概念當然完全不足於宣告神的本質，可是我們可以也必須說，神**也**是個位格。為了說明這點，如果我破例以一個哲學家的語言來翻譯它，也就是斯賓諾莎（Spinoza），那麼我必須說，在神的無限多屬性當中，我們人類認識到的並不是如斯賓諾莎所說的兩個而已[7]，而是三個：除了靈性（Geisthaftigkeit）——我們所說的靈便是源自於此——和自然性（Naturhaftigkeit），也就是我們所說的大自然，還有位格性（Personhaftigkeit）的屬性。我認為所有人的位格存有都是源自這個位格性，正如我和所有人類的屬靈存有和自然存有也是源自靈性和自然性一樣。而唯有這第三個屬性，這個位格性的屬性，我們才能從它的性質直接認識到它是神的屬性。

可是基於「位格」這個概念的家喻戶曉的內容，現在出現了一個矛盾。這個概念說，一個位格在定義上固然是個獨立的個體（Eigenständigkeit），但是它也會被其他獨立個體的多元性相對化；這點當然不可能適用於神。以神作為絕對的（也就是不可以相對化的）位格的弔詭名稱，正是要回答這個矛盾。神作為絕對的位格踏入和我們的直接關係裡。這個矛盾必須向層次更高的洞見讓步。

現在我們可以說，神把祂的絕對性攜入和我們的關係裡。轉向祂的人，因而不必悖離其他的「我你」關係。祂名正言順地把所有關係都一併賜予他，讓它們在「神的面前」變容。

可是我們不可以把神的對話，也就是我在本書裡以及後來的其他作品當中提到的對話，把它理解為世間以外或超越世間的事件。神和人的對話滲透到我們自己的生命裡的事件以及周遭世界的事件裡，個人生平以及人類歷史的所有事件，並且把對話變成對你對我的指引（Weisung）和要求。一個個事件，一個個情境，都是由這個位格的語言促成且授權的，它要求人的位格堅定不移並且做決定。我們老是以為什麼也聽不見，可是我們早就用蠟把耳朵封住了。[8]

我們沒辦法證明神和人之間的相互性的存在，正如我們沒辦法證明神的存在。可是任何膽敢談論它的人都可以作見證，他也可以傳喚和他交談的人，不管是現在或是未來的證人，也都一起作見證。

耶路撒冷，一九五七年十月

注釋

1 原注：出版於一九二三年。

2 原注：*Zwiesprache. Traktat vom dialogischen Leben.*(Erstfass. 1929), Neuausgabe (3. Aufl.) Heidelberg 1978, auch in: *Das dialogische Prinzip*, Heidelberg1979; "Die Frage an den Einzelnen" (1936), in: *Das-dialogische Prinzip*, Heidelberg1979; "Über das Erzieherische", in: *Reden über Erziehung*, Heidelberg 1953; *Das Problem des Menschen*(zuerst hebr. 1942), 5., verb. Aufl., Heidelberg 1982。

3 原注：*Urdistanz und Beziehung*, Beiträge zu einer philosophischen Anthropologie I(Erstfassung 1950)。

4 原注："Elemente des Zwischenmenschlichen" (1954), in: *Das dialogische Prinzip*, Heidelberg 1979。

5 《出埃及記》12:21-25：「於是，摩西召了以色列的眾長老來，對他們說：『你們要按著家口取出羊羔，把這逾越節的羊羔宰了。拿一把牛膝草，蘸盆裡的血，打在門楣上和左右的門框上。你們誰也不可出自己的房門，直到早晨。因為耶和華要巡行擊殺埃及人，他看見血在門楣上和左右的門框上，就必越過那門，不容滅命的進你們的房屋，擊殺你們。這例，你們要守著，作為你們和你們子孫永遠的定例。日後，你們到了耶和華按著所應許賜給你們的那地，就要守這禮。』」

6 原注：*Über das Erzieherische*。

7 斯賓諾莎說的是「思想」和「擴延」這兩個屬性。見：斯賓諾莎《倫理學》：「神，或實體，具有無限多的屬性，而它的每一個屬性各表示其永恆無限的本質，必然存在。……思想是神的一個屬性，或者神是一個能思想的東西。……廣延是神的一個屬性，換言之，神是一個有廣延的東西。」

8 奧德修斯要水手用蠟把耳朵封住，又要他們把他自己綁起來，以躲過賽倫女妖的美妙歌聲誘惑。見：荷馬《奧德賽》：「我則抽出利刃，將蠟一方切成粉，用兩掌搓軟揉勻。未幾那蠟因手心搓壓日光薰，便漸漸柔軟微溫。我於是逐一的把船員耳腔塞緊，他們則用長繩，把我手和足在桅檣綁綑。」（《奧德賽》，頁404，遠景，1978）

相遇：自傳的片簡

Begegnung: Autobiographische Fragmente (1960)

一、我的母親

我在這裡當然沒辦法細說我的個人生平（我的記憶不足於掌握重要的時間連續性），而只能掇拾我在回顧時浮現的若干片刻，對於我的思考的本質和方向至關重要的片刻。

我的這類回憶要回溯到四歲的時候。在那一年之後，父母的仳離使得我在維也納的童年家庭支離破碎（至今我閉上眼睛就會看到我們家底下的多瑙河渠道，那個畫面總是會賦予我無比的安全感）。那時候我住在位於利沃夫（Lvov, Lemberg）附近的祖父母家裡，它是當時奧地利的「皇家官地」利加利西亞（Galicia）的首都。他們都是上流社會的人，門當戶對的豪門貴冑。他們都不事生產，不想打理家計。他們當然也從來不會在我面前談論我父母親的事；不過我猜想他們也幾乎不討論這件事，除非有現實而迴避不了的牽連。孩子盼望著不久就可以見到母親；可是他什麼也不說。接著發生了一件事，我在這裡必須說一下。

我祖母家的屋子有個寬闊的中庭，四面是木造的露台一直到屋頂，每一層樓都可以沿著露台走一圈中庭。四歲的時候，有一次我和一個大我幾歲的鄰家女孩站在這裡，我祖母交代我要招呼她。我們憑欄佇立。我不記得對這位年長的同伴說了我母親什麼。可是至今我仍然聽得到那個女孩子對我說：「不，她永遠不會回來了。」我知道我啞口無言，可是我也知道我很珍惜她所說的真話。它一直深藏在我裡頭；年復一年，它都固守著我的心，可是過了十幾年，我不再把它當作我個人的事，而是所有人的際遇。後來我有一次自創了一個新詞「Vergegnung」（失之交臂，緣慳一面的意思），意指人們錯失了真實的相遇。又過了二十年，我再度見到我母親，她大老遠來看我、我太太以及我的孩子們，我在凝視著她那依舊無比美麗的眼睛，聽到不知哪裡來的聲音正在對我說「Vergegnung」。我想我一生中認識到的真實相遇，應該就是源自在那露台上的時刻。

二、我的祖母

我的祖母阿戴勒（Adele）那一代的猶太女性，總是為了讓她們的丈夫有空研讀妥拉（Torah）而席不暇煖地忙裡忙外。「研習教義」對於我祖父而言有個特別的意義。雖然是個自學者，他卻是個真正的語言學家，對於一種特殊的希伯來文獻最早的權威校勘本貢獻很大，那就是《米德拉什》（*Midrashim*）——那是個收錄了聖經註釋、智慧語錄和豐富的傳說的雜集，就公民職業而言，他算是個大地主、小麥商以及在俄羅斯和奧地利邊境的磷礦場主人。此外，他也是猶太人團體的領導人之一，鎮裡的商會成員，他們見多識廣，也有自己的判斷。他從來沒有忽略了這些名譽職位；至於他自己的事業，他差不多都交給他太太，祖母臨事而懼，經緯萬端，但是做任何決定之前一定會詢問過她的丈夫。

我祖母在加利西亞一個小鎮長大，那裡的猶太人都必須閱讀「外邦人」的文獻，可是女孩子們除了大眾讀物選輯之外，幾乎沒有機會讀到其他作品。在十五歲的時候，她在倉庫角落設置了一個藏書室，裡頭有席勒（Friedrich Schiller）的文學期刊《荷萊女神》（*Die Horen*）、尚保羅（Jean Paul）談論教育的《黎凡娜》（*Levana*），以及許多其他德語書籍，她都在暗地裡讀完了。她在十七歲時結婚，那些書以及大量閱讀的習慣也跟著她進入她的婚姻，而她也讓兩個兒子培養了對於無法改寫的真實文字的尊敬。後來我也從她那裡領受到同樣的影響。我甚至在十四歲以前（那時候我搬到了我的父親和繼母的家）就見識到了什麼才是表達事物。這個女人手裡總是抱著大開本仿精裝的複寫簿，上頭記錄著每天的收支，讓我相當印象深刻：她記載的這些項目，在她喃喃自語地輕聲唸過了以後，每個段落就變得意義重大。有時候她也會寫下她自己的評注，那當然不是在模仿什麼經典作品的風格，但是有時候也會提到她和那些偉人們的交流心得。她說話的口音也是如此：她在和人溝通一個反省的結論時，總是會流露出一種正在知覺某個事物的表情。那是因為對她而言，經驗和反省不是兩個階段的事，而是同一件事的兩個面向：當她眺望對街時，你可以看到她在沉思一個問題的身影，而當我看到她在獨自沉思時，有時候我覺得她是在傾聽什麼。而在孩子眼裡，有件事絕對不會錯，那就是當她在和某個人說話時，她真的是在和他說話。

我的祖父是個真正的語言學家，一個「文字的愛好者」，但是祖母對於真正的語言的愛在我身上的影響更甚於祖父：因為這個愛是如此直接而忘我。

三、語言

我十歲的時候第一次上學。在此之前我一直有個家教老師，主要是教授語言，一方面是由於我自己的傾向和天賦，另一方面則是我祖母認為以語言為主的人文主義才是教育的正軌。

人類語言的雜多性，它們令人驚豔的多樣性，人類話語的日光燈在其中既支離破碎又保存完好，它早在我的童年裡就成了一個問題，並且不斷地啟迪我。可是它在教導我的路上也一再讓我焦灼不安。我一次又一次地尋索個別的語詞，甚或是不同語言的語詞結構，在那裡重新找到它，卻又一再地放棄顯然只在一個語言裡才存在的某個東西。那不只是「意義的細微差別」而已：我先後設想了一個德國人和一個法國人用兩種語言的對話，以及一個希伯來人和古羅馬人的對話，有點戲謔的味道，但是有時候又心跳加速，感受兩個人因為以不同語言去思考所聽到的東西而產生的衝突，它對我的影響相當深遠，此後也讓我有了更清晰的洞見。

我小時候的語言知識也讓我有時候可以幫上祖母一點忙，當我每天從父親的家到祖母那裡的時候。例如說，在閱讀拉什（Rashi），也就是所羅門以撒拉比（Rabbi Shlomo Yizhaki），十一世紀偉大的聖經和塔木德（Talmud）註經學者，我祖母看到一段對照著法文解釋的經文，她問我那是什麼意思。我必須從希伯來文抄本推論出古法文用語，自己先揣摩一下，再跟祖母解釋。可是後來我獨自待在父親家的房間裡，被一個問題一直困擾著：我們以習慣用一個語言表述的東西去解釋以另一個語言寫下的文字，那到底是什麼意思，又是怎麼做到的？語言（Logos）以及種種語言的世界對我開放，變暗，變亮，接著又變暗了。

四、我的父親

大約九歲起，每個夏天我都在父親家渡過，到了十五歲，我就從祖母家搬到父親家。

我父親對我的思想發展的影響和我祖母不盡相同。它完全和心智的發展完全無關。

我父親小時候很好學；醉心於諸如達爾文（Charles Darwin）的《物種起源》（*On the Origin of the Species*,1859）或是勒南（Ernest Renan）的《耶穌傳》（*Vie de Jésus*, 1863）之類的作品提出來的問題。但是他很早就投身於農業，更加專注於那個問題。沒多久他就成了加利西亞東部地主的模範人物。

我小時候，他從「巴黎世界博覽會」（Exposition Universelle）攜回一整箱雞種蛋，當時東歐還沒有那個品種的雞；一路上他都抱在懷裡，生怕打破了蛋。三十六歲的他致力試驗各種栽培技術，以提高農地的生產力。

他那時候就已經是那個領域的技術專家了。可是當我和他站在一群膘肥體壯的馬匹中間，看到他逐一和動物們打招呼，那不只是泛泛之交的那種寒暄，而是相當個人的關係，有時候我也和他一起開車穿越成熟的麥田，看到他把車子停下來，走下車，一次次折彎麥穗，小心嘗一嘗麥粒，我這才明白他真正關心的是什麼。這個木訥而不浪漫的男人，他關心的是人和大自然的真實接觸，主動而負責的接觸。於是，偶爾陪他到處走走，我學到了許多作者沒有告訴我的東西。

我父親和大自然的關係模式，也和一般所謂社會領域的關係有關。我看到他怎麼融入所有仰食於他的人們的生活：莊園裡的工人，他們的小屋子蓋在莊園房屋外圍，全部都是依據他的設計建造的，為他種田的小農都會得到佃戶應得的份額；我也看到他怎麼煩惱家庭的關係，孩子們的撫養和就學，所有人的生老病死

——這一切並不是從任何原則推論出來的。在這裡，能夠真正回應完全的相互性的，是一種孤獨，那不是一般意義下的孤獨，那是屬於個人的意義的，主動而負責任的接觸的意義。我父親在鎮上做人處世的方式也沒有什麼不一樣。他極為厭惡盲目的施捨；他只知道一個人對眾人事務的幫助，而且他也身體力行。即使到了耆耄之年，他還是被選上利沃夫猶太人團體的「麵包委員會」，不眠不休地挨家挨戶訪查，以了解人們的真正困境和需要；除了真正的接觸，這些事怎麼辦得到？

還有件事我得提一下。我父親是個說故事高手。在談話中，他會自然而然地告訴人們他知道的故事。他對他們說的都只是很簡單的故事而沒有任何潤飾，那是關於人類的生活以及發生在他們之間的事。

五、學校

我的學校叫作「法蘭茲約瑟高中」。他們在教學和社交時使用的語言是波蘭語，可是儘管我們現在會覺得和實際的歷史相差甚遠，當時盛行於奧匈帝國民眾之間的氛圍卻是：相互寬容卻不會相互理解。大多數的學生是波蘭人，此外有一小撮猶太裔少數族群，魯塞尼亞人（Ruthenians）則有他們自己的學校。學生們個人之間還算相處融洽，可是這兩個族群可以說老死不相往來。

所有學生在早上八點之前都要到教室，到了八點鐘，上課鐘響。一個老師走進教室，站上講台，牆上掛了巨大的十字架。這時候所有學生都要起立。老師和波蘭學生在胸前劃了十字聖號；他口唸三一頌，接著他們一起大聲禱告。直到可以再度坐下之前，我們猶太人學生都默默站著不動，眼睛緊盯著地上。

剛才我暗示過，我們學校對於猶太人並沒有明顯的歧視；我幾乎不記得有哪個老師是不寬容的或者想要被認為不寬容。可是每天義務性地在大聲唸誦奇怪禮儀的教室裡站著不動，對我的震撼遠甚於不寬容的行為。被強迫的觀眾，必須參與一個我一點也不想碰的聖儀，而且連續八年的每天早上：它深深銘刻在男孩的生命本質上面。

他們並不想要我們任何一個猶太學生歸信；可是我對於所有宣教活動的反感在那時候就已經根深柢固了。不只是厭惡基督徒向猶太人傳教，而是反對不同信仰的人們所有的宣教活動。法蘭茨・羅森茨威格（Franz Rosenzweig）想要說服我對非猶太人傳教，不過我不為所動。

六、兩個男孩

教室裡一共有五排，每一排有六張長凳。每張長凳坐著兩個學生。

我和我的死黨坐在最左邊靠窗的長凳上，窗外是空蕩蕩的操場。這張長凳我們坐了八年之久，他坐在左邊，我在右邊。

下課時間一般是十五分鐘。如果是風和日麗的天氣，整個學校的孩子通常會衝到操場盡情嬉戲，直到上課鐘響。如果天氣太差，我們會一起待在教室裡，但是只有在特別的情況下才會大夥兒湊在一起。一般而言都是三兩成群；幾個孩子站著聊天或討論，這個小團體會依據不同的話題而改變其組成。

可是有一次，在被大雨掃興的一個秋天（到了冬天我就十二歲了），我們有了個特別的改變，一直持續了數週。

中間排第三張長凳坐了兩個男孩，我一直沒有注意到他們，其他人也不覺得他們哪裡不對勁。可是現在他們卻把眾人的目光都吸引到他們身上。他們每天在座位上像小丑一樣靈巧地玩起模仿遊戲。他們默不作聲，總是一本正經的模樣。有時候遊戲的性暗示越來越強烈而讓人不舒服。現在他們的表情讓我聯想到在地獄裡受苦的靈魂，有些同學會擺出專家的姿態對我說地獄是什麼境況。所有動作都極為勉強。在表演進行當中，我們個個目瞪口呆。直到上課時間到了，他們才結束表演。而我們在談話中則絕口不提發生了什麼。

當表演越來越猥褻時，我被叫到校長室。他以一貫和藹可親的態度接待我，直接問我知不知道他們兩個做了什麼。「我什麼也不知道！」我大聲叫道。他又親切地問我一次。「我們很清楚你們在做什麼，」他對我說：「你是個好孩子，你會協助我們的。」「協助？協助誰？」我心裡想要這麼回答。可是我沉默以對，只是靜靜地瞪著校長。我幾乎不記得後來怎麼了，我只知道我號啕大哭，一輩子沒有這麼痛哭過，幾乎無意識地被帶出校長室。然而幾個鐘頭之後，我回想起校長和我四目相接時的表情，那不是和藹的眼神，而是驚恐的眼神。

我請假了幾天才回到學校。中間排第三張長凳一直空著，直到學年結束。

在我童年的那場驚厥之後，一連串的經驗讓我明白了規箴和現實情境之間的可疑關係，也對我揭露了規範的本質，它要求的不是我們的服從，而是意在控制我們本身。

七、馬[1]

我十一歲的時候，在我祖母家渡夏，總是會偷偷溜到馬廄，溫柔摩挲著我的愛馬頭頸，那是一匹灰色大斑點的馬。那不是什麼興之所至的事，而是重大而友好的、刻骨銘心的事件。如果現在我要解釋那個至今仍舊歷歷在目的回憶，我必須說，我和動物接觸的經驗是個「他者」，「他者」的巨大「他在性」，但是那不像公牛或公羊的他在性那麼陌生，而是會使我想要接近且撫摸牠的他在性。我撫摸那雄赳赳的鬃毛，有時候光滑潤澤，有時候狂野糾結，感受在我掌心底下的生命，宛若活力的元素掠過我的皮膚，那個不是我的東西，當然和我沒有半點相似，明顯的他者，不只是另一個東西，而是真正的他者本身；可是它讓我接近，把它自己託付於我，完全置身「你」的關係以及和我的「你」的關係裡。我還沒有把燕麥鏟到馬槽裡，牠就溫柔地抬起牠巨大的頭，耳朵翻動，輕輕噴氣，就像一個密探打了個只有他的同伴才知道的暗號；而我也被認可為牠的同伴。可是一旦——我不知道這個孩子腦袋裡在想什麼，總之很孩子氣就是了——我突然想到這個撫觸，以及它讓我感受到的喜悅，我驀地意識到我的手。遊戲一如往昔地進行著，可是已經不一樣了，它不再是同一個事件。第二天，在請牠吃了一頓大餐以後，我撫摸我的朋友的頭，但是牠不再抬起頭來。若干年之後，回想起那個插曲，我不再猜想那隻動物是否察覺到我的背叛。但是我覺得我是在接受審判。

八、哲學家們

在我早期生活裡，哲學以兩本書的形式直接入侵了我的存在——在我十五歲和十七歲的時候。這兩個事件不算是真正的哲學教育——它特別是建立在閱讀柏拉圖著作之上（希臘文是我最喜歡的語言）——那是打破了連續性（這是真正的教育工作的預設）的事件，是災難性的事件。在第一個事件裡，哲學面對災難性的處境而出手相救。在第二個事件裡，哲學家不僅喚醒了我，更讓我心醉神馳。直到很久以後，我才有辦法完全走出這個沉醉狀態，而對現實世界有一種確定性。

我在其他地方談過第一個事件[2]，可是我覺得有必要更清楚地解釋一下當時的說法：

一股我說不上來的衝動襲上心頭：我必須一再試著想像空間的盡頭或者它的漫無邊際，時間的終點或者是沒有起點和終點的時間，而兩者都是不可能的，同樣的絕望——可是我似乎只能在這兩個荒謬當中選擇一個。

我必須補充說，那時候時間的問題比空間的問題更困擾著我。我忍不住想要把整個世界歷程視為實在性的，那意味著認為「時間」不是有起點和終點，就是沒有起點或終點。而只要把它視為實在物，兩者都證明是同樣悖理的。如果我是認真的（我真的很想試看看），我就必須置身於時間的起點或是終點。那麼我應該會覺得起點就像是後腦杓挨了一拳，而終點則像是前額撞到的什麼東西。不，根本沒有起點或終點！或者我必須縱身躍入無底深淵，躍入無限性，而所有東西都在天旋地轉。於是，這樣的事一再地發生。不管是數學或物理的公式都無濟於事；問題在於世界的實在性，而我們必須住在這個世界，也必須面對那荒謬而怪誕的東西。

接著，我找到了一本書，康德的《一切作為學問而出現的未來形上學之序論》。他在裡頭告訴我們說，時間和空間「我們感性能力的形式條件」，並不是「附著於物自身的實在屬性」，而「只是我們感官知覺的形式」。

哲學其實一直在對我潛移默化。現在我再也不必為了探究時間的終點而感到苦惱了。時間不是困擾著我的一句話；它是我的，因為它是「我們的」。他說這個問題本質上就是無法回答的，可是我卻擺脫了它，再也不必問這個問題了。康德在那個時候對我的臨現，是個哲學上的自由。

大概兩年後，另一本書使我著魔，那固然是個哲學家的作品，卻不說不上是哲學著作：《查拉圖斯特拉如是說》。我說「著魔」，因為我面對的不是簡單而沉著的學說，那是高掌遠蹠的言論，它有如狂風暴雨一般地襲向我並且淹沒了我。據作者形容[3]，這本書是人類有史以來最偉人的巨著，它不只是個禮物，更是個侵略，剝奪了我的自由，而我在多年之後才真正擺脫它。

尼采說，這本書的「基本觀念」是在詮釋時間：他把它詮釋為「相同者的永恆回歸」，也就是有限的時期裡的無限序列，正如萬物的交替更迭，一個時期的終點會過渡到它的另一個起點。這個觀念的提倡者說那是最深不可測的學說，而是神遊於不斷變形的思想可能性的言論。尼采早就認為，「戴奧尼索斯精神的」激情不可能變成一個哲學的激情。它會一直是戴奧尼索斯精神的激情，作為其現代的變形，那是由戴奧尼索斯精神的個人在面對其窮通順逆時的熱情創造出來的。

康德並不想以時間的存有者去解答困擾著我們的感性問題，他為它劃定了哲學的界限，認為那是我們自己源自時間形式的問題。在哲學一點也不謙虛的尼采，以「相同者的永恆回歸」的擬似奧祕取代了時間的一個原始奧祕，那就是所有事件的獨一性的明顯奧祕。

雖然那個十七歲的男孩沒辦法接受這個觀念，在他的心靈裡仍然出現了一個所謂否定性的誘惑。多年之後，我又想起了他——如果康德認為時間是「我們」的知覺的形式，那麼，他或許會問：「但是如果時間只是我們在其中知覺的一個形式，那麼『我們』在哪裡？我們不是在無時間裡嗎？我們不是在永恆裡嗎？」這裡的永恆當然不同於查拉圖斯特拉熱愛的「命運」（fatum）的永恆周期循環。他要說的東西是離言絕慮的，它把時間拋出來，把我們放置到和它的關係裡，而我們把那個關係叫作存在。對於認識到這點的他而言，世界的實在性不再露出荒謬而怪誕的面容：因為永恆存在著。我會走上這條深藏在心裡許久的路，可是說是因為「查拉圖斯特拉」的著迷。[4]

九、維也納

我在維也納念大一，那是我出生和童年的城市。那抽離而單調的記憶畫面從巨大的個人背景當中浮現出來，宛若西洋鏡裡一張張的幻燈片，可是裡頭也有許多地方我說不上熟悉的。我的原生家庭現在已經很陌生了，它以仍舊不清楚的語言每天要我接受世界並且讓世界接受我；它的確準備要接受我。有些事情在那時候就已經確定了，並不會因為其後的歲月的種種難題而重塑。這兩個學期的課，即使是在學術上相當重要，對我而言卻如風過耳。讓我印象深刻的，反而是我越級選修的若干研討課：老師和學生之間井然有序卻又自由的交談；一起詮釋文本，大師偶爾會以罕見的幽默加入討論，彷彿他學到什麼新東西似的；以及在學院派的滔滔雄辯當中的問答——這一切都比我自己讀書更加直接，並且開顯了心靈的真實，它正是一個「居間」。

可是讓我印象最深刻的，其實是維也納城堡劇院，我「站崗」了好幾個鐘頭，才有辦法衝到三樓，在頂層樓座搶到一個座位。當樓下前方的布幕拉起來，看著各擅勝場的戲碼一齣齣上演而讓人拍案叫絕，即使是到了現在，那仍舊是我領受過的「恰如其分的」人類語言。在這個虛構的世界裡，語言獲得了充分的表現。當然它看似提高了，實則是舉揚到它自身。那只是時間的問題，直到有人開始朗誦台詞，「雍容華貴」的台詞。於是，隨著真實話語的言說性，對話的語言或是獨白（獨白只是自言自語，不算是真正的台詞），這整個世界，以驚訝和法則神祕地建構起來的世界，對我而言已經支離破碎——，過了一陣子，隨著眼前的事物漸漸回復，它才重新升起。

有一次我坐在維也納郊區一家餐廳的花園裡，不經意地聽到鄰桌客人的談話（或許是兩個攤販婦女在休息時談論價格的下跌），我感覺到話語的交談性，也就是變成了「相互性」的聲音。

十、一場演講

我的第三學期是在萊比錫度過的，那時候我剛好二十歲。那時候對我影響最深的，無疑是聆聽巴哈的音樂，而且是依據巴哈自己想要的方式歌唱和演奏的音樂（我當時就很確定這點，至今依然如此）。但是如果要試著說巴哈對我的思考有什麼影響，那會徒勞無功，的確，我一直不是很清楚。我的生命基調顯然因而有所調整，我的思考也是如此。大抵上，我在這篇自傳的片簡裡一點也不想訴說這類巨大而奧祕的事物。相反的，我在這裡想要提一個插曲，而事後證明它並不是無關緊要的事。

我有一陣子很著迷拉薩爾（Ferdinand Lassalle, 1825-1864）的講演和著作，以及他的傳記。我很欣賞他的屬靈熱情以及隨時準備捨身取義的勇氣，不管是在個人或是政治生活裡。可是我沒有注意到他性格上明顯的疑問；我一點也不在意。

我參加了幾次某個社會團體的會議，他們邀請我去演講。於是我決定以拉薩爾為題。我的演講是依據卡萊爾（Thomas Carlyle）的英雄形象模式。我指出一開始就註定是個悲劇的命運。這個命運顯露在他的事業道路上——他意欲建設一個新社會卻壯志未酬——也表現在他荒謬而具有象徵意義的人生，直到他死去。

演講甫畢，我贏得滿堂掌聲。一個老先生來到我面前。他說他是個裁縫匠，年輕時是拉薩爾的核心團體成員。他抓著我的手久久不放。接著他熱情地望著我說：「是的，他就是這樣的人！」

一個說不上來是什麼的感覺襲上我：「有人支持我的想法真好！」可是我突然感到莫名的驚恐，它穿透了我輕率的歡喜：「不，我一直是那個支持者，對於一個偶像的滿口謊言的支持者。」

我對於拉薩爾的研究真正的、隱藏的、被拋到一旁的問題驀地現前。對於束手無策的矛盾的認知在鹵莽而空虛的心裡一直燃燒著，並且被扔到人世間。我囁嚅嚅地向那個裁縫匠行個禮便倉皇離開。

在接下來的幾個禮拜裡，我很笨拙地以一種分析性的闡述取代了折戟沉沙的英雄形象，結果也只是表面上合理的簡單化。漸漸的、跌跌撞撞的，我明白了人類存在種種有問題的現實性，也明白了要能夠俯仰天地不愧不怍是多麼困難的事。而巴哈對我伸出了援手。

十一、志向和人[5]

那是在一九〇二年的第六次猶太復國運動大會上，海澤爾（Theodor Herzl, 1860-1904）重砲抨擊他的對手；他回應大衛・特里奇（Davis Trietsch, 1870-1935）的批評，他談到特里奇自己在殖民地的所作所為，那不是什麼有事實依據的辯論，而是在人身攻擊。其要點則是來自該行動的一個「被害人」的記述。

（必須一提的是，在這個插曲之後，我被大會任命為仲裁委員會的成員。委員會以三比二的投票——我自己是少數派的——決定不提出調查結果聲明，但是若干細節則可以公開。）

除了說這些指摘是對人而不是對事，它也不是以正確的劍執行的；那個「被害人」並不是真正的被害人，而記述——那就只是個記述。……海澤爾以善意揮舞他的劍；那是毋庸置疑的。可是他沒有在揮劍之前查明真相。

在演講以後，海澤爾回到他的會議室。貝托德．費威（Berthold Feiwel）和我接著就以特里奇的朋友們的身分指出，對他的那個指控是站不住腳的，要求成立一個委員會介入調查。在我們回到會議室時，我心裡很困惑。自從上一次大會以來，我就和海澤爾站在反對的立場，但是我的反對完全是客觀的，而我也沒有任何一刻對人性喪失信心。現在，我的靈魂第一次翻轉——那是如此的猛烈，使它至今仍然歷歷在目。然而，當我走進會議室，眼前的畫面使我的憤怒頓時轉化，剛才怦怦然的心臟現在卻痲痺了。

會議室裡只有他和他的母親。貞涅夫人（Jeannette）默默坐在扶手椅上一動也不動，可是她的臉龐閃爍著最動人的憐憫——我一生中只在我的祖母那裡看過那樣的憐憫神情。海澤爾在房間裡踅來踅去，就像籠子裡來回踱步的獅子一樣。他的背心沒有扣上鈕釦，他的胸膛起伏不定；我從來沒有想到一向舉止從容的他居然如此氣喘吁吁。後來我才注意到，雖然他的眼神有如熊熊烈火，卻總是臉色蒼白。

我驀地明白了，在這個地方，人是不可以在心裡一直支持某一方。在外在世界，在大廳裡，那是一個男人，我的朋友和盟友，他受了傷，遭受到群眾的不義。可是在這裡，他自己就是那個不義的始作俑者，他的重擊造成了傷害，一個男人，儘管被誤導了，卻仍然是我的導師，一個狂熱的人；一個為了他的信仰而狂熱的人：他對於他的事業以及他自己的信仰，這兩者盤根錯節而不可分割。

當時我二十四歲，或者是我第一次踏上悲劇的土壤，在那裡，沒有正確的一方這種東西。只有一件更重要的事要學習：如何從正確一方的墓穴裡讓正確的事物復活。然而那是我多年之後才學會的事。

我們的任務完全行不通：為了反對這個人，我們的訴求必須從他一生奉獻的

「事業」轉向這個事業的真理性，可是誰做得到這點？不過我們當然還是完成了這個任務：我們依據我們的職權和義務而提出問題和主張。海澤爾依舊在會議室裡踱方步，沒有任何在傾聽的跡象。我間或瞧了他母親一眼——她的臉色沉了下來；我覺得很害怕，我不知道害怕什麼，但是那個感覺一直都在。

然而海澤爾突然在我們面前停下腳步對我說話。他的語調完全出乎我們意料之外——那是激動但是微笑的語調，雖然我們看不到他有任何笑意。「我原本是要用完全不同的方式指責他的！」他大叫道：「完全不同！可是在講台前面，就在我的對面，站著一個女孩子，我聽說是他的未婚妻；她站在那裡，目光如炬地望著我。我敢說她是個好人！我不能那麼做！」

現在他真的擠出一點笑容。而誰有辦法不跟著他一起笑呢？這個渾身魅力的人以他的浪漫方式微笑「訴說著」；我當然也笑了出來，就像一個學童發現原來「賀拉斯」（Horace）的意思是真正的朋友和情人；而坐在手扶椅上的那位老太太（不，她一點都不老）原本就很開朗的神情，現在也露出微笑；就像我只在上一代的猶太婦女臉上才看過的笑容。那個微笑的祕密已經消失了。

那真是讓人無言以對。有鑑於他在自述其忍讓的理由時一點也不客觀，他在指摘時的不客觀性自然也更顯得突兀。可是……！我們履行了職責，現在一切都很順利，沒有個人的問題或任何困難，於是我們起身告辭。這是我最後一次和海澤爾的近距離接觸。

我並不想回想那個畫面，可是在天使完成了他的任務之後（祂的不可名狀的臨到把海澤爾的母親和我嚇壞了）[6]，我時常思及那件事。

那麼海澤爾對事和對人究竟是什麼樣的態度？那麼一般而言，「事」和「人」的關係是什麼？

對海澤爾而言，他的事業和他的人格是不可分割的，這點從他和阿哈德・哈姆（Ahad Ha-am）[7]的針鋒相對可見一斑，他號召當時敵對陣營裡的年輕人「回到運動裡來」。或許大部分的歷史人物都是如此。他的基本觀點當然是認為討論原則和方法沒有什麼意義，因為到頭來一切並不是取決於它們，而是取決於負責實踐和應用它們的人，換言之：取決於使用它們的個人及其手段。那是為了什麼？只為了和人格不可分割的事業嗎？我們似乎是在循環論證。

可是讓我們從另一面去看這個問題，從群眾的面向。我們不妨思考一下韋伯（Max Weber）的觀念，他認為真正的民主是任命一個值得信賴和追隨的領袖，如果他克盡厥職的話，但是如果他有負所託，那麼就對他問責，審判他，罷免他，甚至「要他上絞刑臺」！[8]所以說，事業和人是不可分割的，套用韋伯的話說，只要他的奇里斯瑪（Charisma），也就是他的領袖魅力，證明是有效的。我們可以從這個觀點去理解海澤爾對於他的批評的態度；那就是奇里斯瑪式的。這就是為什麼他不說「你錯了，因為事實是……」而說「你錯了，因為你只是不自量力——你根本欠缺了奇里斯瑪。」

但是這個概念是對的或是錯的？以庸俗的政策和道德構成的廉價意識形態，不能被用來擱置這個問題。至今為止的「世界歷史」可以證明這點。唯有我們對於一個不同的領袖以及不同的追隨者的期望，對於兩者真正的對話關係的期盼，才有資格對它提出質疑。不管怎樣，我們習以為常的客觀和主觀的範疇，其實並不適用於眼前的難題。

可是那個目光如炬的未婚妻呢？那難道不是嚴重欠缺客觀性嗎？我不知道。也許在他的印象裡，他覺得對方陣營總算有個人支持他，使得海澤爾懷疑是否有另一個實在界，不同於眼前的世界歷史，一個隱藏而無力的實在界，因為它一直沒有獲得權力；人是否會身負使命卻沒有權力，雖然他基本上是被呼召的；我們這種人和其他人有沒有重大的差別，成功是不是唯一的判準；失敗的人是否註定一生沒沒無聞而在歷史上沒有留下任何記載，這些被遺棄的人是否不會得到隻字片語的肯定；是否完全不存在一個「黑暗」的奇里斯瑪。一個歷史人物是不會被這些問題壓倒的，因為如果他被壓倒了，他就會感到絕望，就會退怯。可是那些問題接觸到他的片刻，其實是他一生中真正宗教性的片刻。

十二、賢人[9]

我小時候每個夏天都會在布科唯納（Bukovina）一處莊園渡過。父親有時候會帶我到鄰近的薩達哥拉村（Sadagora）。薩達哥拉村是個「賢人」（zaddikim）王朝的所在地，他們都是哈西第教派（Hasidic）的拉比。現在的社群裡再也沒有住著早期虔誠的哈西第教派信徒，也不再熱情地把賢人視為完人，宛若在凡人身上實現不朽。相反的，現在的哈西第教派把賢人當作中保，他們想透過賢人的求情滿足他們的需求。即使是在這些墮落的哈西第當中，在他們靈魂的不知名土地上，以利沙拉比（Rabbi Eliezar）的話語依然耀眼奪目，他說世界是為了完人（賢人）而造的，就算賢人只有一個。

我是小時候在髒亂的薩達哥拉村裡從「黑暗」的哈西第教派信徒那裡明白到（在孩子心裡不是什麼想法，而是畫面和感覺），世界需要完人，而完人就是真正的估主。當然，信徒會誤解了授予他的權力，而他也會濫用它。但是它基本上難道不是正當的，正當的權力，估主的心靈相對於困苦的人的權力嗎？其中難道不正是藏著未來的社會秩序的種子嗎？

無論如何，這些問題在那個時候就以童稚的形式在我心裡萌生。而我也可以做個比較，一方面是地方上的頭人，他們的權力只是來自慣例的強制力；另一方面則是拉比，他是個誠實而敬畏神的人，但他是「祭司團」的職員。但是其中有個東西則是無法比較的；我們可以戲而不謔地說，那就是人性的雙核：真正的**團體**以及真正的**領導**。

列比（rebbe，哈西第教派裡的首席大拉比）富麗堂皇的宅邸讓我心生厭惡。哈西第的禱告室以及裡頭狂喜的敬拜者也讓我大惑不解。但是當我看到列比大步走過一排排等候的群眾，我感覺到「領袖」，當我看到哈西第們隨著托拉（Torah）起舞，我看到了「團體」。那時候我心裡生起一個預感，那就是靈魂的共同崇敬和共同喜悅，是真正的人類團體的基石。

在一九一〇或一九一一年，距離薩達哥拉不遠的布科維納，我在演講之後，和安排該場演講的協會成員一起走進一家咖啡店，我想要在對眾人演講（那種演講不方便回答問題）之後，再和幾個人交談，我們可以有人和人的互動，而我的觀點也會直接遭遇到反駁和質疑。

我們正在討論道德哲學的一個主題，有個高大魁梧而外表淳樸的中年猶太人來到我們桌子前向我致意。我淡淡回了禮，他卻語帶責備地說：「博士！您認得我嗎？」我還沒來得及說我不認識，他就自我介紹說他是M先生，我父親以前的管家的弟弟。我邀請他來和我們一起坐，問了一下他的生活境況，接著便和年輕人們繼續交談。M先生聚精會神地聆聽我們的討論，我們的話題剛剛來到有點抽象的論述。他顯然一個字也聽不懂；他凝神聽到的每個字，就像信徒聽到的連禱文一樣，他們不必知道內容是什麼，因為光是此起彼落的聲音就可以滿足他們的需求，而那是任何內容都做不到的。

可是過了一會兒，我問他是否有什麼話要對我說；我想要坐到他身邊談一談他的問題。可是他強烈拒絕。於是我們又開始交談，M先生依舊默默傾聽。又過了半個鐘頭，我又問他有什麼願望，或許我可以為他實現；他可以相信我。不，不，他說他沒有什麼願望。時間有點晚了，可是這樣熱烈討論了幾個鐘頭，我卻不覺得疲倦；其實，我覺得更加精力充沛，決定和年輕人們去散步。這時候M先生以極為靦腆的語氣說：「博士，我想要問你一個問題。」我請學生們等我一下，和他找一張桌子坐下來。他沉默不語。「您儘管問吧，M先生。」我鼓勵他說：「我一定知無不言，言無不盡。」「博士，」他說：「我有個女兒。」他頓了頓，接著說：「我也為我女兒找了個丈夫。」他躊躇了片刻。「他是個法律系學生，剛剛以優秀成績通過國家考試。」他又停頓了一下，這次更久。我用鼓勵的眼神看著他，我以為他會請求我為他未來的女婿關說。「博士，」他問說：「他是個可靠的人嗎？」我有點詫異，卻不忍拒絕回答。「M先生，」我解釋說：「根據你說的，他當然是個勤奮而有才幹的人。」可是他追問說：「但是博士，他也是個有頭腦的人嗎？」——「這個問題更難回答了，」我說：「可是無論如何，他的成功不只是靠勤奮得來的，他應該也是個聰明的人。」M先生又遲疑了一會兒，接著他問了最後一個問題：「博士，現在他要當個法官還是律師？」——「關於這點，我就沒辦法回答你了。」我說：「我不認識那位年輕人，就算我認識他，我也沒辦法就這個問題提供他任何建議。」可是M先生以憂鬱的、絕望的、有點怨懟又有點諒解的眼神望著我，以憂傷而謙卑的語調對我說：「博士，你只是不想跟我說而已——我還是要謝謝你所說的話。」

我小時候就有個「賢人」的形象，透過這個污濁的世界，我窺見了純粹的觀念，一個真正團體的真正領袖的觀念。在青少年和成年之間，哈西第教派裡關於在世界裡認識神的完人的教義，在我心裡生起了這個觀念，可是現在由於這個滑稽的事件，我才真正在心裡體會到「賢人」身為領袖的作用。我當然不是個賢人，在神裡也沒有那麼自信，而是個在神面前有危險的人，為了神的光照而不斷摔角的人，不斷被捲入神的深淵裡的人，可是當我被問到無關緊要的問題，作出無關緊要的回答，而第一次在心裡體會到什麼是真正的賢人，當他被問到神啟的問題，他會在神啟當中回答。我在他和世界的根本關係裡體會到他：在他的責任裡。

十三、手杖和樹木[10]

我趁著落日餘暉一路走到山坡下，在一片草地邊緣停下來，找個安穩的地方，讓夕陽灑在我身上。我不需要什麼支撐，不過想找個固定點讓我站得久一點，於是用手杖抵著一棵橡樹的樹樁。接著我便感覺到和存有者的雙重接觸：我手裡的手杖，以及它和樹皮接觸的地方。顯然只是在我所在之處，然而我卻在感覺樹木的地方也感覺到我自己。

就在那個瞬間，對話出現在我眼前。因為只要人的語言是真實的語言，它就和手杖沒有兩樣，那意味著它是真正的攀談。就在我所在之處，語言的神經節和器官幫助我形成且說出語詞，我在這裡「意指」那個和我說話的人，我對他有個意向，這個不容替換的人。可是在他所在之處，我的某個東西被派到那裡，某個本質上完全不是實質性的事物，而是純粹的震動而且無法理解的；那個事物一直在他那裡，那個被我意指的人，領受了我的話語。於是我擁抱著我所指向的那個人。

十四、問題和回答

那是一九一四年五月（內人和我以及我們的兩個孩子，已經在柏林郊區住了八年），很久沒有見面的海西勒牧師（Hechler）打電話給我。他剛到柏林，想要來看看我。沒多久他就來了。

我和海西勒是於一八九九年秋天在火車車箱裡認識的。這個大我好幾歲的人和我交談起來，談話中我們感覺到有許多觀點不謀而合。他相信基督復臨的末世論，而對於我短暫參與過的猶太復國運動深表同情。猶太人回到他們的家鄉，對他而言，是基督復臨的先決條件。他在巴登公爵那裡待了一陣子，是海澤爾不久前引薦他的。他擔任王子的老師，在歐洲宮廷裡相當受到禮遇。

在交談中，我遞給海西勒一首我不久前為了喚醒猶太人民而寫的「讚歌」手稿。這首讚歌讓他熱血沸騰（他沒有任何基礎），直說要把它唸給公爵聽。不久之後，他不僅朗誦它，更在我不知情的情況下出版了這首有問題的小品。當我開門迎接海西勒時，很驚訝他這麼老了卻仍然英姿挺拔。在熱情的相互致意之後，他從大衣口袋裡掏出用藍白條紋布裹著的一疊紙張，抽出當年校對過的手稿，接著又慢慢攤開一大張紙。那是以圖畫描寫先知但以理的預言，似乎是一個歷史時期的地圖，並且指出我們現在的位置。接著他說：「朋友，我來自雅典（他曾經擔任那裡的王子的老師）。我就站在保羅對著雅典人談論不知名的神的那個地方。現在我來找你，我要對你說，就在今年，世界大戰就要爆發了。」

後來我才知道，話語裡流露的確定性其實是源自各個層面的奇特融合：對於但以理的信仰詮釋和來自歐洲宮廷的訊息混雜在一起並且具體化，卻不知道心靈深處的事物已經滲透到那個意識裡。可是他的話語裡最讓我震驚的卻是「世界大戰」，那是我第一次聽到這個語詞。把「世界」扯進來的「戰爭」（儘管我不知道那是怎麼回事），究竟是什麼樣的戰爭？不管怎樣，它顯然和以前所謂的「戰爭」有著本質上的差異。自此以後，我心裡便生起一個預感，歷史裡的戰爭已經不再，有個不同的東西，儘管表面上性質相同，它越來越不一樣也越來越可怕，正準備要吞沒歷史以及人類。

海西勒和我們聊了幾個鐘頭。接著我送他到火車站。如果到火車站，必須走到我們的「殖民地」小街盡頭，接著轉到沿著鐵軌鋪滿煤灰、叫作「黑路」的小徑。我們走到殖民地小街和那條小路的轉角，海西勒停下腳步，把手搭在我的肩上說：「朋友！我們生活在一個偉大的時代裡。告訴我：你信仰神嗎？」我沉吟了片刻才堅定地對他說，在這件事上他不必為我擔心。說完我們就到了火車站，我看著他上車。

然而當我走在回家的路上，又來到那個轉角，我卻躊躇不前，不由得陷入沉思。我說的是真話嗎？我真的「信仰」海西勒所說的神嗎？我究竟是怎麼回事？

我在街角站了好一會兒，決定沒有找到正確答案就不走。

突然間，在我的心靈裡，有些話語不斷在形成，那不是我自己想出來的，一字一句清清楚楚：

「如果說信仰神的意思是有辦法對第三者談論祂，那麼我並不信仰神。如果信仰祂的意思是有辦法和祂說話，那麼我就是信仰神的。」過了一陣子，那個話語又說：「神讓但以理預見了人類歷史的這一刻，在『世界大戰』之前的這一刻，它在時代的推進當中的不變位置是可以預定的，這樣的神不是我的神。但以理在苦難當中向祂禱告的那個神，才是我的神，也是萬物的人。」

我又在街角駐足許久，心下歷歷分明，而那是無法言喻的。

十五、一個轉變[11]

年輕的時候，「宗教性事物」對我而言是個例外狀況。我會有好幾個鐘頭的時間擺脫塵世的事務。日常生活的堅固硬殼被刺穿。種種表象可靠的恆久性也破碎了；一波波的打擊撕裂了它的法律，「宗教經驗」是個「他者性」的經驗，它和整個生活脈絡扞格不入。它可能是以某個習以為常的事物為起點，思考某些熟悉的對象，可是接著就變得奧祕而不可思議，到頭來宛若一道閃電打破了奧祕本身的暗夜。在這同時，沒有任何過渡階段，時間被撕裂了——先是世界的堅固結構，接著是更加堅不可摧的自我保證，它們都支離破碎，而你卻會感到無比的充實。這個「宗教性事物」會讓你擺脫它們。人們習慣了的事物的存在散落一地，可是就在那間髮不容的片刻，人們看到了光照、出神忘我和被提。接著你的存有同時擁抱著此岸的生命以及彼岸的生命，其中沒有任何聯結，而只有真實的轉變片刻。

對於倏忽生滅的生命的不當劃分，它流入死亡和永恆，唯有實現了它的時間性才能在死亡和永恆面前得到實現，我在一個生活的事件裡感受到那個不當性，一個判斷的事件，以那個抿著嘴唇、眼神不動的句子做成的判斷，就像是眼前的事物喜歡做出的判斷。

那只是在某個上午的事件，在一個充滿「宗教」狂熱的早上之後，有個不知名的年輕人跑來找我，儘管沒有心理準備，我還是親切地接待他，就像每個來找我探問神諭的人一樣。我專注而開放心胸地和他交談，可是我沒有注意到他欲言又止的問題，我不久之後才從他的朋友那裡知道（那時候他已經去世）這些問題的重要內容；我知道他不是臨時起意來找我的，而是命運的催促，他不是來聊天的，而是要做一個決定。他來找我，在那個時分來到。我們在絕望的時候去找一個人，心裡會期盼著什麼？我們當然會期望那個臨現是有意義的事。

自此以後，我就放棄那種只是個例外狀況、抽離、舉揚或出神的「宗教性事物」；或者說是它放棄了我。我什麼也沒有，只有我無法擺脫的生活。奧祕不再被揭露，它已經逃走了，或者它就棲居在事物的實然裡。我不覺得充實，只有感覺到每個時刻都充滿著要求和責任。儘管我疲於應付，我卻知道在要求當中我被要求了什麼，也可以基於責任而加以回應，也知道是誰在說話並且要求我回應他。

我就只是知道這些而已。如果那就是宗教，那是任何事物都是宗教，任何有對話的可能性的事物。這裡有宗教的最高形式。當你禱告的時候，你並沒有脫離你的生活，你在禱告的時候，把你的念頭都歸因於它，即使是那個想要禱告的念頭。因此，當你破天荒地蒙召，被要求，揀選，賦權，差遣，你以及你這個俗世的生活就被賦予意義了。這個片刻不是從那裡抽取出來的，它就存在於那已經存在的東西上面，並且對著還沒有體驗到的東西招手。你不會被吞沒到一個沒有義務的豐盈裡，為了共融的生活，你成了意欲的對象。

十六、兩次談話[12]

我要提起兩次談話。其中一次看似有個結論，但其實是沒有結論的，；另一次談話雖然看似被中斷了，到頭來卻有個圓滿的結局。

兩次都是關於神的辯論，關於神的名字和概念，但是兩次談話的性質天差地遠。

我在德國的一個工業城裡的成人民眾學校連續演講了三個晚上，題目是「作為現實世界的宗教」。我的意思很簡單，那就是「信仰」並不是人類靈魂裡的一個感覺，而是現實世界的一個入口，整個不折不扣的現實世界的入口。這個論題很簡單，卻違反了一般的思考模式。所以我必須花三個晚上把它說清楚，不只是三次講座，每次講座結束後也會進行討論。大部分學員都是工人，但是他們都默不作聲。那些發言、提出問題、質疑和反省的人，大多是學生（那座城市有一所著名的古老大學），儘管也有來自其他圈子的人，卻只有工人們保持沉默。一直到了第三個晚上末了，我已經感到相當不耐了，才有人對我解釋為什麼他們沉默不語。有個年輕工人跑來對我說：「你知道嗎，我們沒辦法在這裡講話，但是如果明天你願意和我們見面的話，我們可以聊一整個晚上。」我當然欣然同意。

第二天是安息日。晚餐過後，我前往約定的地點，我們一整個晚上談得很盡興。其中有個年紀不小了的工人一再吸引我的目光，因為他一直在凝神傾聽。在我們的時代裡，真實的傾聽已經是很罕見的事了。大多數工人並不在意是誰在談話（中產階級的群眾反而比較在意這點），他們關心的是他有什麼話要說。這個人的長相有點奇怪。在描繪牧羊人的朝拜的古老法蘭德斯祭壇畫裡，有個牧羊人會把雙手伸向馬槽，那個工人的臉龐就像那個牧羊人一樣。我面前的人看起來並不想要把雙手伸向我；其次，他的臉也沒有畫裡的牧羊人那麼大。他引人注目的地方在於他總是慢慢地傾聽和沉思。終於，他也開口說話了。「我以前有過那樣的經驗，」他慢慢地、鏗鏘有力地說，引用據說是天文學家拉普拉斯（Laplace）在和拿破崙交談時說過的話：「我覺得不需要『神』這個假設也可以在世界裡悠游自在。」他在說「假設」這個語詞時，一副像是在聆聽這座大學城不久前逝世的一位優秀的自然科學家的講座。儘管他的自然觀並不排斥「神」這個名字，他在探討動物學以及世界觀時卻也是抱持著類似的態度。

那個人短短幾句話讓我相當震撼；我覺得他對我提出的挑戰比任何其他人都要深刻。我們當然都在認真辯論，雖然氣氛還算輕鬆；可是現在一切都變得很凝重。我該怎麼回應那個人呢？我在那樣沉重的氣氛下沉思了片刻，我想到自己一定是砸碎了他的世界觀的安全感，那個他據以在「世界」裡「悠游自在」的世界觀。那是哪一種世界：我們習慣稱呼的世界，其實是「感官的世界」，有朱紅色和草綠色的世界，有Ｃ大調和Ｂ小調的世界，有蘋果和苦艾草味道的世界。我們的感官和那些物理學無法定義其本質的不可思議的事件相遇，它和這個感官世界有什麼不同嗎？我們看見的紅色既不是在「事物」裡也不在「心靈」裡。它之所以會點燃火燄而絢麗奪目，那只是感覺到紅色的眼睛以及產生紅色的「振盪頻率」不期而遇而已。那麼世界及其安全感到底在哪裡？在那一端是不知名的「對象」，在這一端則是既熟悉又難以捉摸的「主體」，以及兩者真實卻短暫的相遇，也就是「現象」——這不就是三個再也無法各自理解對方的世界嗎？我們在自己的思考裡怎麼會把這些世界區隔開來？為這個變得如此可疑的「世界」賦予基礎的那個存有者究竟是誰？

我神情嚴肅，沉吟不語，房間也漸漸暗了下來。那個牧羊人模樣的男子抬起他那一整晚都低垂著的沉重眼皮，慢慢地、讓人動容地說：「你是對的。」

我坐在他面前，感到惶恐不安。我做了什麼嗎？我引領他走進大門，裡頭坐著萬民擁戴的王者，偉大的物理學家、信仰虔誠的巴斯噶（Pascal）把祂叫作哲學家之神。那是我期望的嗎？我原本不是要帶他去找另一個王者，巴斯噶所說的亞伯拉罕、以撒和雅各的神嗎？那個我可以對祂說「你」的神？

現在暮色低沉，已經很晚了。第二天我就必須離開。我沒辦法待在這裡；我沒辦法走進工廠成為他的夥伴，和他一起生活，以真實的生活關係贏得他的信任，幫助他和我一起走過受造者的道路。我只能和他凝視的目光相遇。

後來，我有一次去拜訪一個德高望重的思想家。我是在一個研討會裡認識他的，他在民眾小學演講，而我則是在成人民眾學校演講。我們因此有了個交集，因為「民眾」的概念同樣無所不包。這個滿頭銀髮的人在談話前要我們忘掉在他的書裡認識到的哲學，而讓我相當驚喜。近幾年來，在戰爭期間，由於時局艱難，他的觀點和思考判然不同。年歲增長是美好的事，如果人們沒有忘卻「起點」是什麼意思的話；這個老人或許是到了耄耋之年才真的想起來吧。他一點也不年輕了；可是他人老心不老，知道起點是什麼。

他住在西部的另一座大學城裡，有一次，那所大學的神學系學生邀請我就預言發表演講，於是我借住他家。他家裡有個善靈，它想要進入生命，卻並不規定生命要在哪裡放它進入。

有一天我一大早就起來看校稿。前晚我剛剛收到自己的書的序言校稿，而由於這篇序言是個信仰的宣示[13]，我想要在付梓之前再細讀一遍。我拿著校稿到樓下的書房，那是特別為我準備的。可是老人已經坐在他的寫字桌前，寒暄幾句後，問我手裡拿的是什麼，我說那是校樣，他便問我是否願意唸給他聽。我很開心地照著做了。他親切地聆聽著，臉上卻浮現驚訝的表情，而且越來越詫異的模樣。我唸完了以後，他欲言又止，卻對於這個主題的重要性深深著迷，語氣變得更加激動。「你怎麼可以一再地談論『神』？你怎麼確定你的讀者對於這個語詞的定義和你是一樣的？你所說的神的名字是超乎人類的把握和理解的東西，可是在談論它的時候，你卻把它貶低到人類的概念化層次。人類的語言居然被濫用、污染、褻瀆到這個地步！所有為它灑下的無辜的鮮血都失去了它的光澤。它被用來掩飾的所有不義也都被沖淡了。當我聽到那至高者被人叫作『神』，有時候那似乎是在瀆神。」

他和藹可親的眼神裡有熊熊烈火。他的聲音在燃燒著。接著我們面對面坐著而默不作聲。房間裡流瀉著清晨的陽光。我感覺到陽光的力量流進我的身體。當時我的回答，現在的我再也沒辦法逐字逐句地還原，只能略述其意。

「是的，」我說：「這是人類所有語詞當中最多義的。沒有任何其他語詞污染得這麼嚴重，這麼殘缺不全的。正因為如此，我不可以放棄它。每個世代的人都把他們憂苦的人生重擔加在這個語詞上，壓得它喘不過氣來；它倒在塵土中，扛負著他們的重擔。各個種族的人以及他們的宗教派系把這個語詞撕成碎片；他們為了它而殺人，也為了它而遇害，而它則被烙印著他們的指痕和鮮血。我到哪裡去找個像它那樣的語詞來形容至高者呢？就算我從哲學家的寶庫裡找到最純粹的、最燦爛奪目的概念，也只能捕捉到一個沒有約束力的思想產物而已。我沒辦法捕捉到祂的臨現，而世世代代的人們也只是以他們憂苦的生活和死亡向祂致敬或使祂蒙羞而已。我所意指的祂，的確就是世世代代下地獄或上天堂的人們所說的祂。當然，他們會畫漫畫，接著在底下寫了個『神』；他們刀劍相向，卻都說是『奉主之名』。可是當所有瘋狂和妄念都歸於塵土，當他們在最孤單的黑夜裡面對著祂，而不再說『祂』、『祂』，而是嘆息著說『祢』、呼喊著『祢』，那些都只是一個語詞，而就算他們加上了『神』，那難道不就是他們所有人正在乞求的真實的神嗎？那個唯一的永生的神，人子們的神？那正在傾聽著他們的，難道不是祂嗎？正因為如此，『神』這個語詞難道不就是那求告的語詞嗎？那個變成了一個名字的語詞，被世世代代的人們尊崇的語詞？我們必須尊敬那些阻止它的人，因為他們是在反抗所有意圖把『神』威權化的不義和過犯。可是我們不應該放棄。可想而知，有人會建議我們要暫時對於那些『究竟事物』保持沉默，才能拯救被濫用的語詞！可是它們不會因此就獲救。我們沒辦法滌清『神』這個語詞，也沒辦法使它完好無缺；可是儘管它被污染或損壞，我們還是可以把它從塵土裡舉揚起來，戒慎恐懼地安置它一個多鐘頭。」

房間變得很亮。灑進屋裡的不再是晨曦，而是白晝的陽光。老人站起身來走向我，把手搭在我肩上說：「我們做個朋友吧。」這次的談話於是有了個圓滿的結局。只要有三兩個人真實地相遇，他們就是「奉主之名」相遇的。

十七、撒母耳和亞甲

有一次我在旅途中遇到一個以前就相識的人。他是個忠實的猶太人，生活裡大大小小的事都要遵守宗教傳統。可是我在意的是（我在第一次見面時就明白了這點），他和傳統的這個關係有其源頭，而且它會在人和神的關係裡不斷地重新堅振。

我再次見到他時，我們陷入一個神學問題的討論中，那不是什麼無關緊要的問題，而是核心的信仰問題。我實在不記得我們在什麼情況下談到《撒母耳記》裡的那個段落，撒母耳告訴掃羅說要收回他的王權，因為掃羅憐惜亞瑪力人（Amalekite）的王而沒有殺他。我對他說我在小時候讀到神的這段話時有多麼驚恐（而我的心促使我一再地讀，心想聖經為什麼會有這樣的記述）。我告訴他說，我小時候每次讀到或想到，那個異教徒的王歡歡喜喜地來到先知面前，心裡說「死亡的苦難必定過去了」，卻被他碎屍萬段。我對他說：「我一直無法相信這是神的話語。我不相信。」

那個蹙眉坐在我的對面，以銳利的眼神凝視著我的眼睛。他沉吟片刻，欲言又止。「那麼，」他總算打破沉默。「那又怎樣呢？」他語帶威脅地重複說。「你不相信嗎？」我又說：「喔，不……」「那麼，什麼……什麼……」——他吞吞吐吐地說：「你相信什麼？」「我相信，」我不假思索地回答說：「我相信撒母耳誤會了神的意思。」接著他更加凝重地說：「那麼？你相信這個想法嗎？」我說：「是的。」於是我們陷入沉默。可是在那個時候發生了一件我生平罕見的事；

我面前憤怒的面孔漸漸變形，彷彿有一隻手在摩娑它，撫慰它。它變亮了，變乾淨了，現在他以大雪初霽的神情看著我。他以溫柔而清澈的語氣對我說：「我也這麼認為。」接著我們再度陷入沉默好一陣子。

到頭來，毫無意外的，這麼虔誠的猶太人，當他必須在神和聖經之間做個選擇，他當然是選擇神：他信仰的神，他可以相信的神。而對我而言，那卻是一件意義深遠的事，至今依然如此。後來那個人來到以色列，我們再度見面，就在他逝世之前。當然我一直認為他是那個時代的代言人；可是在我們的談話裡不再觸及聖經信仰的問題。的確，再也不必要了。

然而對我而言，自此以後，我心裡一再浮現一個問題，那就是當時我是否適當地表達了我想說的意思。而我也一再地以相同的方式回答這個問題：是與否。就談話裡所說的，是的；因為我以對話者的語言並且在其語言的範圍裡回答了他，使得對話不至於空手而返，兩個人也對於一個真理得到了共識，儘管只是相當有限的。就此而言，是的。但是如果說是要認識自己並且說明人類總是會誤解神的意思，那麼答案就是否定的。人是被造來理解的，但不是被造來理解神對他說的話。神並沒有棄人於困苦和憂惱於不顧；祂以其話語幫助人；祂對人說話，祂以其話語撫慰人。可是人並沒有以忠實的耳朵傾聽神對他說什麼。在傾聽當中，人把天上的誡命和人間的法律混為一談，把神對人的啟示和人自己為安排的方向攪成一鍋粥。就連人類的種種聖典也不例外，聖經也是。這裡談到的不是聖經的哪一個歷史敘事形式誤解了神；問題是在舊約經文據以成形的喉舌和筆的作品裡，誤解和理解總是蘭艾難分，人類自己的名言施設也和他所領受到的東西攙和在一起。我們並沒有客觀的區分判準；我們只有信仰而已——當我們擁有它的時候。我沒辦法相信神會因為掃羅沒有謀害他的敵人而懲罰他。至今我依舊沒辦法讀這段只是要讓人感到畏懼和戰兢的經文。然而不是只有這個地方而已。每當我翻譯或詮釋聖經經文時，我總是以畏懼和戰兢的心為之，在神的話語以及人的話語之間不可避免的衝突當中為之。

附錄一：源頭[14]

人和神之間的對話關係的可能性和現實，人在天上和人間的交談當中的自由夥伴角色（在攀談和回答裡的話語就是事件本身，來自天上的事件以及來自人間的事件），我在年輕的時候就為了這個問題廢寢忘食。尤其是自從哈西第傳統漸漸變成我自己的思考基礎之後，大概是在一九〇五年，它就成了我內心深處的問題。一九〇七年的秋天，在我的《美名大師的傳說》（*Die Legende des Baalschem*）導論裡，我第一次以多年後探討對話原理的作品的語言強調這個問題。這篇導論是關於狹義的神話（神話學家們的神話）和傳說之間的根本區分。裡頭說：

> 傳說是關於呼召的神話。在純粹的神話裡，並沒有存有者的差別……即使是

英雄，也只是站在不同於神的階梯上，而不是在神的對面；他們不是「我」和「你」……。純粹神話裡的神並不會呼召人，他只會生下人；他差遣被生下的英雄。傳說裡的神會呼召，祂呼召人子：先知，聖人……。傳說是「我」和「你」的神話，呼召者和蒙召者的神話，是走進無限者的有限者以及需要有限者的無限者的神話。

在這裡，對話的關係可以說登峰造極：因為即使到了這個高度，夥伴之間的基本差異也沒有被削弱，而關係再怎麼親近，人的獨立性也依然存在。

然而，從這個例外的事件，這個特別抽取出來的事件，我的思想更加認真地延伸到每個人的共同經驗。這個闡明依然和我對於哈西第教派的詮釋有關：在我一九一九年的《偉大的經師和他的傳人》（*Der grosse Maggid und seine Nachfolge*）的序言裡，我把猶太教義形容成「完全奠基於身為人的『我』以及神性的『你』之間雙向關係，奠基於相互性，奠基於**相遇**。」不久之後，也就是一九一九年秋天，我完成了《我與你》仍然充滿著枝詞蔓語的初稿。

接下來的兩年，我不僅只能研讀哈西第的文獻，也沒辦法閱讀任何哲學作品，除了笛卡兒的《方法導論》以外，職是之故，我直到後來才讀到柯亨（Hermann Cohen）、羅森茨威格（Franz Rosenzweig）和艾伯納（Ferdinand Ebner）關於對話原理的作品[15]，因而對我的思想沒有產生太大的影響。當時我把它視為屬靈的苦行。接著我才有辦法著手處理《我與你》的完稿，而在一九二二年春天完成。我在寫作第二部和第三部時，停止了閱讀上的苦行，開始讀艾伯納的片簡。[16]我們的作品以不可思議的相似性證明了，在我們這個時代，有來自不同的民族和傳統的人在追尋那埋藏的寶物。不久之後，我也在其他領域裡領受到類似的經驗。

在眾多倡議者當中，我當學生的時候就認識了費爾巴哈（Feuerbach）和齊克果（Kierkegaard）。對於他們的然否成了我的存在的一部分。而今我周遭有越來越多的人或多或少都在關心對我一生至關重要的事。人性態度的雙重性質的這種觀點，可見於《我與你》的開場白。可是我在《但以理》（*Daniel*, 1913）就提出了這個區分，也就是一個「取向的」、客體化的基本態度，以及「實現的」、臨現的基本態度。這個區分本質上呼應了《我與你》裡的「我它」關係以及「我你」關係，只不過後者不是落在主體性的領域，而是存有者之間的領域。然而它是在第一次世界大戰期間百家爭鳴的思想當中的重要轉型。它在各種不同的意義和領域裡獨樹一幟，可是這些思想的根本連結，也就是源自人類處境的明顯轉型，則是明確無誤的。

附錄二：一個暫時的答案

一九五五年五月，耶路撒冷[17]

有人問起，關於我的經驗和觀察的概念語言，是否有個暫時的答案作為主要的結論，對於提問者和我自己，我只能回答說：成為一個人，那意味著成為**那個**相遇的存有者。對於這個事實的認知在我一生中漸漸明朗。其他人也在類似的主題和解釋裡談到這點，我當然認為它們不無道理；然而我認為真正重要的是這個相遇。

我在前文以粗體字強調了定冠詞「那個」。在大自然裡，所有存有者的確都置身於和他者的共在當中，這個共在性也會進入每個生物，作為對於他者的知覺以及對於他者的行為。可是人類特別的地方，就在於他會一再知覺到他者是個和他相遇的存有者，而他自己的存在也是和他們的相遇。他知覺到他者是和走出自我的他建立關係的他者，而他自己也是走出自我而和他們建立關係的。人基於這個特有的性格，人不只是某個種屬的存有者，而且是個特殊層次的存有者。在這裡，只有在我們所說的世界裡，人和他者的相遇才得以完全實現。那當然不是內在於世界的一個自我封閉的整體——它也可以是超越世界的——反之，每個個體都會指向他者，和他者有關。而只有在人類之間，這個相互關聯性才會蛻變而進入相遇的真實性裡，在其中，一個人會面對他者，這個他者作為他的他者，在共同的臨現裡既抗拒他又肯定他。只要這個自我的存有者沒有轉向面對著他的夥伴，那麼人類的層次就不算是實現了的。身而為人，意味著那潛在於世界的存有者裡的相遇一次又一次的實現。

我在這裡暗示的認知再度遭遇到一個讓人印象深刻的論證——只是它很少被人直接說出來，而大多只是「靈性的」人們無言的自況。他們大多會提到所謂靈修的基本性質。那不只是生活中施與受的相遇，更是外息諸緣的心一境性，唯有如此才可以認識到「靈」，也就是那湧現自涵攝一切的自我深處的種種觀念和形象。而思想家的思考則據說是對於這個事實最明確無誤的見證。

可是我的經驗和觀察卻告訴我要換一個角度去看它。就我所知的每個時代的靈修而言，我沒有看過任何偉大的人物或作工不是源自和面對著他的存有者自我涉入的接觸。被心靈當作成品置入時代裡的演化實體，都是來自人和他者沒有保留的相遇。正如在其他方面，世界裡不會有自我封閉的整體，就靈而言，也不會有個自我封閉的整體。唯有開放，唯有投入開放性裡，降到人間的靈才會使存留下來的作工獲得那個一致性。而如果耽於寂靜的靈修不想回答眼前的生命的要求而退縮到堡壘裡，那麼這樣的堡壘也只會是畫得美侖美奐的百葉窗而已。

進入人的存有的靈，促使人在距離和關係當中相遇；這個靈也因而使人臻至一個特別的存有層次。由於這個源初的歷程，人獲致了最高的成就，也就是語言，它正是人和他者的相互性的明白宣示。可是靈的禮物也有個巨大的危險威脅到人類，而且越來越大。它原本就是作為靈的載體的人的天性，也就是說，相遇的存在的基本境況會轉移到人的內心世界。那樣就會演變出一種個人和他自己的關係，那是人類以外的世界所沒有的，雖然它當然是屬於「相遇的存在」的情境的，而不會有什麼結構性的差異，而在現實的對話裡相遇的答案也沒有獨立性——除非是那種使人性分裂之類的疾病。但是現在靈魂的對話也有可能脫離和外在的他者的所有真實溝通，而退墮到個人意義的自我耽溺，退墮到妄稱自己是在創世和流出之前自我封閉的神性整體。那存在於自我以外的，不再是真正的相互性的夥伴，而終究只是一個心靈裡的客觀性節點，這個心靈理論上或多或少可以作為普遍現象而被認知，卻只能作為個體而被體驗。透過普遍化的哲學立場，個別的我完全被等同於大梵，而再也不會接觸到他者性的主張。

我的經驗和觀察讓我在這個退墮裡認識到人性的對敵，它在每個歷史時期固然都會不斷增長，但是在我們的時代裡尤然。那其實就是脫離關係的心靈悖離了聖靈而犯了罪。

附錄三：書和人[18]

如果我在年輕時被問到我比較喜歡接近人或書本，我當然會說是書。但是在其後的歲月裡就不一樣了。儘管我在和人相處時的經驗比書本更加美好，可是完全可喜的書本總是比完全可喜的人更頻繁地臨到我。然而，和人的不愉快經驗會滋潤我的生命的草地，那是書本做不到的事，而美好的經驗則會使人間變成我的花園。另一方面，沒有任何書本有辦法引領我進入偉大心靈的樂園，我內心深處從來沒有忘記我不能在那裡久待，而我也不想那麼做。因為（我必須直說以免被誤會）在我內心深處，我對世界的愛遠遠多過對於靈的愛。的確，我並沒有真的那麼深入人世間的生活；我和世界的關係一再地遭受挫折，我一再地辜負了它對我的期望，那是我的過犯，一部分是因為我受惠於靈的地方太多了，我既要感謝靈也要感謝我自己，可是嚴格來說，我並不愛它，正如我也不算是愛我自己。我其實不喜歡靈以天上的爪子緊緊抓住我不放；相反，我愛這個「世界」，它一再和我相遇，而且對我伸出兩根手指頭。

他們兩個都有禮物要送我。前者把他用書本做的嗎哪（manna）灑在我身上，後者則是遞給我一塊讓我咬斷了牙齒而又永遠都吃不飽的黑麵包：那就是人們。唉，這些頭腦混亂而又一無是處的人，我不知道有多麼愛他們！我太尊敬書本了（我真正讀過的書），以致於我沒辦法愛它們。但是就算是最德高望重的人，我對他們的愛還是多過於尊敬：我在他身上看到了這個世界的一部分，那是靈不會存在的地方。靈在我頭上奮力翱翔，灑下讓人欣喜若狂的禮物，語言和書；多麼美好，卻又多麼怪異！可是人的世界，它只要投我以一個無言的微笑，我的生命裡就不能沒有它。它默默不語，人們的閒談裡沒有任何像書本裡不斷響起的語詞。

可是我都聽在耳裡，以領受那個穿透我的沉默，受造者的沉默。可是只有人類這個受造者！這個受造者意味著一種混合物。書本是純粹的，人則是混合的；書本是靈和語言，純粹的靈和純粹化的語言；人類則是由閒談和沉默構成的，而他們的沉默不是動物的沉默，而是專屬於人類的沉默。靈正是以閒談背後的沉默對著你低吟，**作為靈魂**的靈。他，他就是蒙愛者。

這是個屢試不爽的試驗。想像你孑然一身，獨自在地球上，而你有兩個禮物可以選擇，書本或人群。我時常聽到人們有多麼重視他們的孤寂，可是那只是因為世上還有其他人存在，雖然是在遙遠的地方。當我出生的時候，我不知道書本是什麼東西，而我死的時候也帶不走任何一本書，也不會有人把書本塞在我手裡。有時候我的確會關上房門，沉醉在一本書裡，可是那是因為我會再度打開房門，看到有個人在凝視著我。

以色列，耶路撒冷，希伯來大學

——馬丁・布伯

注釋

1 原注：Martin Buber, *Zwiesprache*, 1949。

2 原注：Martin Buber, *Was ist der Mensch*, 1938。

3 原注：Friedrich Nietzsche, *Ecco Homo*。

4 原注：那時候我對這本書深深著迷，而決定把它譯成波蘭文，完成了第一部。進行到第二部的時候，我聽到有個知名的波蘭作家也翻譯了幾節，他提議我們共同翻譯，不過我婉拒了他的提議。

5 原注：Martin Buber, *Kampf um Israel – Reden und Schriften 1921–1932*, 1933。

6 原注：海澤爾於一九〇四年死於心臟病。

7 原注：金斯堡（Asher Ginsberg, 1856-1927）的筆名，他主張文化上的錫安主義，而和海澤爾分庭抗禮。

8 原注：Marianne Weber, *Max Weber*, p. 664 f（韋伯和盧登多夫的討論）。

9 原注：Martin Buber, *Hasidism and Modern Man*, 1958。

10 原注：Martin Buber, *Daniel: Gespräche von der Verwirklichung*, 1913

11 原注：Martin Buber, *Zwiesprache*, 1949。

12 原注：Martin Buber, *Gottesfinsternis: Betrachtungen zur Beziehung zwischen Religion und Philosophie*, 1953。

13 原注：Martin Buber, *Reden über das Judentum*, 1923。

14 原注：Martin Buber, *Die Schriften über das dialogische Prinzip*, 1954。

15 原注：Hermann Cohen, *Religion der Vernunft aus den Quellen des Judentums*, 1919; Franz Rosenzweig, *Der Stern der Erlösung*, 1919; Ferdinand Ebner, *Das Wort und die geistigen Realitäten*, 1921。所以羅森茨威格才會在一封信裡說我在一九二二年十二月時（*Briefe*, S. 462）還不知道他的書。

16 原注：我是在某一期的《燃燒器》（*der Brenner*）裡看到的，然後才把書找來看。

17 原注：Elga Kern, *Wegweiser in der Zeitwende*, 1955。

18 原注：Martin Buber, *Hinweise: gesammelte Essays*, 1953。

國家圖書館出版品預行編目資料

我與你 / 馬丁・布伯（Martin Buber）著 ; 林宏濤譯 . -- 初版 . -- 臺北市 : 商周出版 : 英屬蓋曼群島商家庭傳媒股份有限公司城邦分公司發行 , 民 112.01　面；　公分

譯自 : Ich und Du
ISBN 978-626-318-556-2(平裝)
1.CST: 布伯 (Buber, Martin, 1878-1965) 2.CST: 學術思想 3.CST: 哲學

147.79　　111021662

我與你

原著書名／Ich und Du
作　　者／馬丁・布伯（Martin Buber）
譯　　者／林宏濤
企畫選書／梁燕樵
責任編輯／梁燕樵

版　　權／吳亭儀、林易萱
行銷業務／黃崇華、周丹蘋、賴正祐
總 編 輯／楊如玉
總 經 理／彭之琬
事業群總經理／黃淑貞
發 行 人／何飛鵬
法律顧問／元禾法律事務所　王子文律師
出　　版／商周出版
城邦文化事業股份有限公司
台北市中山區民生東路二段 141 號 9 樓
電話：(02) 2500-7008　傳真：(02) 2500-7759
E-mail：bwp.service@cite.com.tw
發　　行／英屬蓋曼群島商家庭傳媒股份有限公司城邦分公司
台北市中山區民生東路二段 141 號 2 樓
書虫客服服務專線：02-25007718・02-25007719
24 小時傳真服務：02-25001990・02-25001991
服務時間：週一至週五 09:30-12:00・13:30-17:00
郵撥帳號：19863813　戶名：書虫股份有限公司
讀者服務信箱 E-mail：service@readingclub.com.tw
歡迎光臨城邦讀書花園　網址：www.cite.com.tw
香港發行所／城邦（香港）出版集團有限公司
香港灣仔駱克道 193 號東超商業中心 1 樓
Email：hkcite@biznetvigator.com
電話：(852) 25086231　傳真：(852) 25789337
馬新發行所／城邦 (馬新) 出版集團 Cite (M) Sdn. Bhd.
41, Jalan Radin Anum, Bandar Baru Sri Petaling, 57000 Kuala Lumpur, Malaysia
電話：(603) 90578822　傳真：(603) 90576622
E-mail：cite@cite.com.my

封面設計／兒日
排　　版／艾許莉
印　　刷／卡樂彩色製版印刷有限公司
經 銷 商／聯合發行股份有限公司
電話：(02)2917-8022　傳真：(02)2911-0053
地址：231 新北市新店區寶橋路 235 巷 6 弄 6 號 2 樓

■ 2023 年（民 112）1 月初版　　Printed in Taiwan

定價／ 400 元

ISBN 978-626-318-556-2(平裝)